Gerald Chaput

Vivre Comme Des Paroles De Dieu (1 Pi. 4,11)

Gerald Chaput

Vivre Comme Des Paroles De Dieu (1 Pi. 4,11)

Homélies, Année A

Éditions Croix du Salut

Impressum / Mentions légales

Bibliografische Information der Deutschen Nationalbibliothek: Die Deutsche Nationalbibliothek verzeichnet diese Publikation in der Deutschen Nationalbibliografie; detaillierte bibliografische Daten sind im Internet über http://dnb.d-nb.de abrufbar.

Alle in diesem Buch genannten Marken und Produktnamen unterliegen warenzeichen-, marken- oder patentrechtlichem Schutz bzw. sind Warenzeichen oder eingetragene Warenzeichen der jeweiligen Inhaber. Die Wiedergabe von Marken, Produktnamen, Gebrauchsnamen, Handelsnamen, Warenbezeichnungen u.s.w. in diesem Werk berechtigt auch ohne besondere Kennzeichnung nicht zu der Annahme, dass solche Namen im Sinne der Warenzeichen- und Markenschutzgesetzgebung als frei zu betrachten wären und daher von jedermann benutzt werden dürften.

Information bibliographique publiée par la Deutsche Nationalbibliothek: La Deutsche Nationalbibliothek inscrit cette publication à la Deutsche Nationalbibliografie; des données bibliographiques détaillées sont disponibles sur internet à l'adresse http://dnb.d-nb.de.

Toutes marques et noms de produits mentionnés dans ce livre demeurent sous la protection des marques, des marques déposées et des brevets, et sont des marques ou des marques déposées de leurs détenteurs respectifs. L'utilisation des marques, noms de produits, noms communs, noms commerciaux, descriptions de produits, etc, même sans qu'ils soient mentionnés de façon particulière dans ce livre ne signifie en aucune façon que ces noms peuvent être utilisés sans restriction à l'égard de la législation pour la protection des marques et des marques déposées et pourraient donc être utilisés par quiconque.

Coverbild / Photo de couverture: www.ingimage.com

Verlag / Editeur:
Éditions Croix du Salut
ist ein Imprint der / est une marque déposée de
AV Akademikerverlag GmbH & Co. KG
Heinrich-Böcking-Str. 6-8, 66121 Saarbrücken, Deutschland / Allemagne
Email: info@editions-croix.com

Herstellung: siehe letzte Seite /
Impression: voir la dernière page
ISBN: 978-3-8416-9867-4

Copyright / Droit d'auteur © 2013 AV Akademikerverlag GmbH & Co. KG
Alle Rechte vorbehalten. / Tous droits réservés. Saarbrücken 2013

ABBÉ GÉRALD CHAPUT

HOMÉLIES

ANNÉE A

2007-2008

TEMPS

DE

L'AVENT

Premier dimanche de l'Avent

OUVERTURE DE LA JOURNÉE DE RÉCOLLECTION

CHEZ LES SŒURS DE LA PROVIDENCE

ACCUEIL À LA CÉLÉBRATION

Saintetés,

Il y a une chose que l'âge ne tue pas : c'est le désir. Nous sommes des êtres de désir. La publicité le sait bien, elle qui s'efforce de créer en nous de toujours désirer quelque chose de plus. Le vrai désir n'est pas dans la possession, mais dans l'aspiration à entrer dans une plus grande intimité avec Dieu, avec les autres. Nous n'avons pas, comme chrétiens, religieuses, à refouler nos désirs, mais seulement à les convertir vers *Celui qui vient* et qui seul peut les combler.

En ouvrant ce temps du désir, je nous convie à faire nôtre le désir des prophètes Isaïe et Jean-Baptiste, des justes comme Zacharie, Élisabeth, Siméon et Anne et, surtout, de désirer, comme Marie et Joseph, que *les cieux s'ouvrent pour laisser pleuvoir la rosée du matin.*

Puisse l'eucharistie inaugurale de cette journée consacrée à désirer, réanimer l'espérance qui se meurt peut-être en nous, nous fasse éprouver toute la joie de dire avec l'Église *: Viens, Seigneur Jésus! Nous attendons ta venue!*

HOMÉLIE
Matthieu 24, 37-44 : Dieu vient au cœur de notre quotidien

Il est déjà venu en prenant la condition des humains. C'était le premier Noël de l'humanité. Un événement de grâce. *Il viendra de nouveau*, ce sera le second Noël, un événement de gloire, que Matthieu vient de nous décrire avec des mots d'une autre époque. Aussi, événement aimable et événement admirable. Entre ces deux Noëls, il y a l'Aujourd'hui de Noël, le temps de l'Église, le temps du bonheur de voir naître Jésus en nous. *Le Christ vient.* Saint Bernard parle de cet entre-temps comme le temps de la mystique. Celui qui est déjà venu, Celui dont la venue est avenir, voilà qu'Il s'incarne au quotidien dans nos vies, porteur de renouveau.

Ce temps intermédiaire nous conforme au premier et nous prépare au second. Il vient vers nous, aujourd'hui, ce Jésus de l'histoire pour que sa première venue ne soit pas veine et que sa seconde ne soit pas celle de la *colère de Dieu*, c'est-à-dire son refus de nous reconnaître comme des invités à sa table. Ce temps de la mystique n'a qu'un but : nous transformer en lui. Si nous savons remodeler nos vies sur la sienne, il nous habillera de la grâce de la gloire. *Il nous a prédestinés à la gloire.* Si nous savons peindre en nous ce Jésus du premier Noël, humble et caché, nous éprouvons cette admirable joie toute mystique d'être, aujourd'hui, suspendu à son avenir de gloire, ce second Noël de l'histoire.

Pour garder bien vivant en nous cet événement de grâce du premier Noël et celui de gloire du deuxième Noël, il faut sortir de nos routines, *de notre sommeil* (première lecture), nous tenir en *état de veille, nous tenir prêts* pour entendre l'extraordinaire nouvelle que vient de nous annoncer Matthieu : Jésus s'incarne dans notre quotidien fait de turbulences, de *déluges*, mais aussi des plus banales réalités comme *boire, manger, se marier, travailler*. Ce n'est pas dans un paradis éphémère, un ailleurs extraordinaire fait de rêve et d'évasion, mais dans notre quotidien, dans nos Galilée, qu'il vient à nous.

Cette mystique de devenir lui, comme lui, avec lui, dans notre banal quotidien, bouscule les perceptions de notre vie chrétienne. Dans un environnement comme le nôtre, qui adule la superficialité de ce temps des fêtes, nous avons du mal à concevoir que nos vies, sans éclat, sans exploits, puissent contenter Dieu jusqu'à devenir *une liturgie sacrée*. Nous préférons imaginer notre vie chrétienne, mystique, comme une espèce de prouesse athlétique, faite pour des gens hors du commun, hors de notre portée! Mais tel n'est pas l'enseignement de Jésus que Matthieu nous invite à méditer en ce début de l'Avent.

Le temps qui commence nous redit qu'un Dieu infini, un Dieu au-delà de tout ce qu'on peut imaginer, *a pris les devants* pour venir à nous dans notre quotidien le plus habituel, si terriblement banal; nous rappelle que c'est un véritable *combat de la lumière* (deuxième lecture) que de nous *tenir en état d'éveil* pour ne pas nous endormir; pour ne pas endormir notre foi. Le défi actuel des chrétiens n'est pas l'angoisse de savoir quand il viendra, mais plutôt la lassitude, l'ennui, le sommeil. D'où l'invitation que nous entendrons presque chaque dimanche de ce temps : *Veillez. Ce que je vous dis-là, je le dis à tous : Prenez garde, […] veillez!* (Mt 13, 33 et 37)

Veillons pour ne pas nous laisser habiter par la routine, pour vivre entre nous *sans ripailles, sans dispute, sans jalousie, mais pour revêtir le Seigneur Jésus* (deuxième lecture). *Pour préparer les chemins de son Fils en nous*. Pour entrer en nous-mêmes, nous replonger dans les sources vives de notre vie, c'est-à-dire dans le Christ Jésus. Pour savourer la joie de Dieu à prendre les devants pour nous réintroduire dans son royaume. Notre espérance grandit quand s'affermit notre désir de laisser Dieu naître en nous, de laisser Dieu nous rendre heureux (Maître Eckhart) en nous vidant de nous-mêmes pour qu'Il puisse prendre toute la place.

Veillez aussi parce que le Seigneur vous choisit pour être de garde, jour et nuit, ici dans votre cité ; parce qu'il vous appelle, ensemble, comme communauté apostolique, à veiller dans la foi sur cette ville et dans cette ville. Quelle mission à l'heure où vos forces physiques ne sont plus au rendez-vous !

À votre contemplation : cet état de veille, cet état qui éveille notre espérance, porte déjà en lui-même sa propre récompense : le bonheur de naître chaque jour en Dieu. Il n'y a pas d'espérance plus sereine que d'attendre, de guetter sans se lasser, de veiller sans se décourager. Il n'y a pas de naissance en Dieu plus authentique que celle de laisser glisser, petit à petit, de nos épaules, le lourd fardeau de notre âge qui appesantit notre marche, entrave notre liberté d'action, mais non notre capacité d'entrer dans le OUI de Marie. Que cette eucharistie et cette journée de récollection nous fassent saisir que c'est pour nous que le Christ est venu, qu'il vient et qu'il reviendra. AMEN.

Vendredi de la première semaine de l'Avent
Matthieu 9, 27-31: deux aveugles crient à Jésus

Quelque chose nous pousse en avant. En Avent. Ce quelque chose, une hymne liturgique en parle comme *le temps d'un long désir*. Nous portons au plus profond de nous, et cela fait partie de notre être, un désir qui nous dépasse. Désirer, parce qu'au commencement de toute œuvre, il faut savoir regarder la fin. Désirer, parce que, nous rappelle saint Benoît dans sa *Règle*, le désir de Dieu est déjà, de par sa nature, une union à Dieu. *Dieu, en faisant attendre, élargit le désir; en faisant désirer, il élargit l'âme; en l'élargissant, il augmente sa capacité de recevoir* (*Sauvé par l'espérance*, # 33). Mais désirer quoi?

Un père du désert, dans des écrits apophtegmes, nous suggère une réponse quand il dit que *le moine* [c'est également vrai pour tout chrétien] *doit être comme les chérubins* : "*tout œil*". Désirer être *tout œil* [l'évangile nous dit cela à travers la scène des aveugles criant vers Jésus : *aie pitié de nous*] est l'un de ces grands commandements *qui fait marcher le monde*, pour citer Charles Péguy (*Le porche du mystère de la deuxième vertu*). Désirer sortir de nos aveuglements qui sont simplement des *absences de lumière* (Einstein). Une toute petite étincelle de lumière peut faire reculer les ténèbres. Une voix intérieure nous rappelle sans cesse que nous sommes faits pour un *surplus d'être*, un surplus d'œil. Nous sommes faits pour être fils, comme le Fils, même si nous sommes plus dissemblables que semblables.

Nous ne voyons pas très bien le but ultime de cette œuvre, d'être fils comme le Fils. Nous n'en voyons pas très clairement le chemin. Si nous comptons sur nos propres forces, nous n'irons pas très loin. Les deux aveugles s'en sont remis à Jésus, ont marché dans la nuit vers Jésus, avec cette foi qui a tellement émerveillé Jésus, qu'il leur a simplement ajouté *que tout se fasse pour vous selon votre foi*.

Paradoxe, comme pour les aveugles, c'est justement ce manque de clarté dans nos regards, nous ne sommes pas *tout œil*, qui nous fait marcher et crier notre besoin de miséricorde. Dans nos obscurités, nous vivons habités par cette confiance *sauvés par l'espérance* qu'une rumeur incroyable retentit en nous, qu'une lumière aveuglante existe; il vient, celui qui donne de l'horizon à nos vies, celui qui peut ouvrir ce qui est fermé, celui qui peut nous faire voir, nous faire devenir *tout œil*. *Seigneur, mon âme languit après ton salut* (Ps 119, 174). Ces mots expriment bien nos états d'âme. Si la lumière tarde, attendons-là, elle viendra sûrement à son heure!

Contemplatives, contemplatifs, Dieu nous fait grâce à la fois de le voir et de ne pas le voir; de contempler cet autre qui, le premier, voit la profondeur de notre foi qui se nourrit de doute et d'obscurité; de découvrir que c'est *par votre persévérance que vous obtiendrez la vie*, disait l'évangéliste Luc récemment. Dieu nous fait la grâce de la vision, mais comme dans la nuit. Nous sommes des gens de la nuit, celle qui ouvre sur la lumière.

L'Avent donne l'infini de l'espérance, nous permet de respirer l'espérance, *prenez courage, voici votre Dieu, il vient lui-même et va vous sauver* (Is 35, 4), d'entrevoir sa lumière, même de loin, depuis nos profondeurs, malgré nos distances aussi. Dieu nous fait grâce d'apprendre à le chercher parce que, déjà, il se montre à nous quand nous le cherchons, parce que, déjà, il nous guide à le chercher, à le trouver, à le montrer à la manière de Jean-Baptiste. Comme l'exprime saint Bernard *quelle surprise* [nous éprouvons] *d'être cherchés par Dieu* [d'être touchés par Dieu] *quelle dignité* [que] *de chercher Dieu* (Sermon pour l'Avent). Voici le temps d'être *tout œil*, d'ouvrir nos yeux à autres choses que nos esclavages médiatiques. Le temps de rester éveillés, celui de la persévérance.

A votre contemplation : ne nous laissons pas distraire dans notre marche par une culture qui nous aveugle, ne nous laissons pas devancer par personne non plus. Comme les aveugles de ce jour, humblement, courons vers Jésus, crions vers lui, le *seul ami des hommes* (Sg 1, 6). Recherchons-le, car il va se révéler à nous, il va paraître, il va se manifester, lui notre espérance.
AMEN.

Dimanche de la deuxième semaine de l'Avent
Matthieu 11, 2-11 : le doute de Jean-Baptiste

Ce qu'il y a de plus troublant, de plus émouvant, dans la vocation de Jean-Baptiste, c'est qu'il ne reconnaît pas celui qu'il avait annoncé, tout au long de sa vie. Il doute de celui dont il avait, durant tant d'années, préparé et attendu la venue. Jésus ne ressemble pas à l'image qu'il s'était fait. Il attendait un Messie justicier, puissant, inflexible. Et voilà qu'il se trouve en face d'un homme *qui mange avec les publicains et les pécheurs*! Jésus ne correspond pas à son attente! C'est le drame de Jean-Baptiste.

Ce drame se répète tout au long de l'histoire. Dans nos vies aussi. Le malentendu, entre l'attente d'un Dieu qui viendrait nous sortir de nos guerres, de nos souffrances et la manifestation ou révélation de Dieu, semble continuer même après trois millénaires d'évan-gélisation. L'immense majorité de nos contemporains serait prête à croire, si Dieu se mettait enfin à répondre à leurs attentes, à leurs désirs. Reconnaissons que nous aussi avons bien du mal à comprendre ce Dieu qui s'accommode de tant de souffrances inutiles, de tant de haines, de tant de mensonges. Ce Dieu tellement puissant est capable d'avoir un faible pour nous. Capable de se cacher dans la faiblesse d'un corps livré. Cette page nous invite à changer, dans nos subconscients, notre image de Dieu.

Pour nous, comme pour Jean-Baptiste, Dieu demeure mystère incompréhensible. Même si nous n'avons pas vocation à vivre au désert, à proclamer son règne, à convertir et à baptiser, il n'en reste pas moins vrai que le chemin de Jean-Baptiste est le nôtre. Nous ne pourrons éviter, un jour ou l'autre, le désarroi et la solitude de Jean, seul dans sa prison, assailli par le doute et laissant fuser la question qui lui brûle le cœur : *es-tu celui qui doit venir, ou devons-nous en attendre un autre?*

Soyons vrais avec nous-mêmes. Le royaume que Jésus nous propose ne nous attire pas. Il nous repousse avec nos standards d'efficacité, de rapidité, d'un moi qui renferme un *soi*. Qui d'entre nous choisirait, de son plein gré, les larmes, la pauvreté, la solitude, la persécution? Qui d'entre nous ne finirait pas par douter que Dieu est là où tout semble perdu, fragile, inutile? Que nous le voulions ou non, quelle que soit la force de nos convictions, de nos engagements, de nos désirs de le suivre, il y a un moment où notre foi, notre cœur sont *bouleversés*, comme celui de Jean-Baptiste.

Contemplatives, contemplatifs, le doute n'est pas l'opposé de la foi! Bien au contraire, il est, pour la foi, le passage obligé, la porte étroite et resserrée, par laquelle nous ne pourrons passer qu'une fois abandonnées toutes ces certitudes et ces idées qui nous servent si souvent de carapace. Ce chemin de dépouillement, par lequel Jean-Baptiste est invité à passer, c'est aussi le nôtre.

Et ce chemin, c'est Jésus, le premier et lui-même, qui l'a d'abord ouvert. Maurice Zundel a ces mots très forts : *Si je pouvais résumer toute ma foi : je crois en la fragilité de Dieu parce qu'il n'y a rien de plus fort que l'amour. Il n'y a rien de plus fragile aussi. Dieu est fragile. C'est la donnée la plus émouvante, la plus bouleversante, la plus neuve et la plus essentielle de l'Évangile. Un Dieu fragile est remis entre nos mains.* En se présentant à nous, dans ce petit enfant couché dans une crèche, dans un village perdu de Judée, Jésus ne ressemble en rien à ce que nous pourrions imaginer ou concevoir. Les voies de Dieu ne sont pas les nôtres. Toute l'histoire des Prophètes de l'Ancien Testament, dont Jean-Baptiste est le dernier et *plus qu'un prophète,* dira Jésus, tous ceux que Dieu a pourtant chargés de l'annoncer, n'ont souvent rien compris de ce qu'ils proclamaient.

Cette page décrit très bien le drame d'espérance que nous vivons, à notre tour, aujourd'hui : nous voudrions une Église rayonnante, nous la voyons inquiète et minoritaire. Nous l'aimerions sans rides, elle est prise, elle aussi, dans les remous de l'histoire. Nous la souhaiterions hardie, elle avance au pas des pécheurs que nous sommes. Le cri de Jean-Baptiste est le nôtre : est-ce l'Église que tu veux, Seigneur, ou devons-nous en attendre une autre ? Il n'y a pas d'autre Christ; il n'y aura pas d'autre Église. Le salut est là, offert par Dieu en visages d'hommes, en langages d'hommes. Mais Dieu nous surprend toujours par sa merveilleuse obstination à passer par l'histoire, à œuvrer dans l'histoire.

Il faut accepter que le Christ ne vienne pas seulement pour bénir nos initiatives, qu'il ne soit pas seulement la conclusion de nos raisonnements, et ne parle pas forcément dans le sens de nos certitudes. Il vient chez nous avec une parole toute nouvelle, qui éclaire notre histoire, qui lui donne sens et l'oriente définitivement. Aujourd'hui, comme au temps du Baptiste, nous ne pouvons comprendre ce que le Christ fait dans le monde, sa manière d'agir. Le Christ est notre avenir, il dessine pour nous le portrait du chrétien. Nous ne serons plus jamais (et quelle grâce!) une Église en position de force. Notre position est celle du service, qui est l'avenir de notre communauté, même s'il faut pour cela, traverser le désert.

À votre contemplation : comme Jean-Baptiste, comme tous les prophètes qui avaient annoncé la venue du Messie avant lui, nous sommes invités, à notre tour, à renoncer à nos représentations, à nos désirs, à nos revendications, pour accueillir celui qui vient, Jésus, l'enfant de Bethléem. Cependant, en nous invitant à ce saut dans l'inconnu de la foi, l'Église nous fait une promesse! En effet, l'oraison de ce jour nous assure que, si nous osons ce chemin de la foi, nous pourrons goûter, dès ici bas, cet avant-goût de la joie de Dieu, qui dépasse toute joie!
AMEN.

Vendredi de la deuxième semaine de l'Avent
Matthieu 11, 16-19; Jean de la Croix : jouer de la flûte

Le divertissement est de première importance aujourd'hui; se divertir pour oublier nos inquiétudes et nous distraire d'un présent difficile. Nos vies sont comme un long divertissement, à la manière des figurants d'un spectacle toujours à recommencer. Nous allons de *petites espérances en petites espérances* qui souvent nous déçoivent, ne se terminent pas comme nous le souhaiterions. Déjà, au IIIe siècle, Grégoire de Nysse affirmait que ces manières de vivre, la fascination du plaisir, la soif de jouissance *sont du domaine du paraître. Elles s'écoulent avec la nature éphémère du temps; à peine ont-elles paru exister, elles disparaissent à la façon de vagues sur la mer*. Cela nous enfonce dans l'assoupissement, l'insouciance, le relâchement. Mais Jésus vient là où il n'y a plus de vie, là où n'est que désordre; il est attiré par nos malheurs.

Récemment (5 décembre 2007), à l'émission matinale de Christiane Charest, à Radio-Canada, le comédien André Montmorency invitait les québécois *à régler leur compte avec l'Église*, qui défendait tout, empêchait de vivre. Il invitait à apostasier la foi. Un site internet suggérait comment procéder.

De multiples courriels d'approbation pour cette audace furent reçus. Malgré mon déchirement à les entendre (on parlait d'une Église *cancer*, anti-liberté, *donneuse de leçons aux autres*), j'ai maintenu mon écoute pour y entendre les cris d'un *malaise québécois*, d'un acharnement à dénigrer la foi chrétienne. Je ressentais vivement l'urgence d'un grand déménagement, pour faire naître *l'Église hors les murs* et pour faire voir qu'elle existe dans les cœurs. Tout déménagement implique de nous défaire de nos vieilleries. Notre Église, humaine, fait au quotidien l'expérience qu'elle ne vit pas toujours de l'Évangile. Sa faiblesse nous montre qu'elle est habitée par un autre.

Jean-Baptiste invitait les gens de son temps à faire un grand ménage dans leurs dieux, dans leurs traditions. Il invitait à se laisser distraire par rien, à dépoussiérer le regard pour reconnaître un glouton de la vie parce qu'il était, lui, un possédé de la vie. Cet appel de Jean-Baptiste est d'une grande actualité pour chacun de nous, pour notre Église. Jean nous a montré un Jésus glouton d'un appel fascinant : *incliner l'oreille de notre cœur* comme *chemin*, *arme*, *prologue* pour entrer dans la vie. Jésus ne vient pas nous enlever nos divertissements. Il vient enlever nos illusions sur une manière de vivre qui conduit au néant. Jésus est *possédé* d'une vraie vie.

En ce temps de l'Avent 1577, pour avoir tenté la réforme de son Ordre, Jean de la Croix était enfermé à Tolède dans la prison conventuelle de ses frères. Il voulait sortir la vie religieuse de son temps du divertissement, de la facilité. Il était habité par l'appel de Jean-Baptiste. Au sein de sa nuit obscure, il est possédé jusqu'au divertissement mystique par Jésus. Le mystère de Noël lui devient lumineux.

Contemplatives, contemplatifs, si la vraie vie, *la vie bienheureuse* dépendait de nos divertissements, si notre bonheur reposait uniquement sur des choses créées, tout deviendrait éphémère, relativité, subjectivité. Nous vivons sans savoir à quelle vie nous sommes appelés, incapables de prêter l'oreille et de préparer nos cœurs à une bonne nouvelle, à une espérance; nous sommes faits pour un avenir de gloire. Pour éviter à nos vies de n'être qu'une dégénérescence de l'existence pour aboutir au néant du tombeau, *que notre prière se fraie un chemin jusqu'à toi* (oraison de lundi dernier). Qu'elle suscite en nous des *désirs purs, des désirs forts* qui nous feront entrer dans le mystère de celui qui vient.

Jean Baptiste, si grand qu'on aurait pu le prendre pour le Christ, est venu. Il refusait le divertissement. Il ne fut pas écouté. Jésus, *l'engendré du Père par l'Esprit saint* est venu. Il se disait *glouton* de bonheur. Il fut rejeté. *Si seulement tu avais été attentif à mes commandements, ton bonheur serait comme un fleuve* (Is 48, 18), vient de nous dire la première lecture. *Ah! si mon peuple m'écoutait!* (Ps 80(81) N'est-ce pas cela la maladie de nos cœurs? Ne pas écouter, vivre endormis, assoupis par toutes sortes de divertissements?

À votre contemplation: Jean est venu au soir du jour, comme une *frontière entre deux testaments* (saint Augustin). Si seulement nous consentions à nous engager sur son chemin. Jésus est venu au matin du jour nouveau, comme *le plus beau fruit sorti de la terre*. Si seulement *nous acceptions son enseignement salutaire* (première lecture). Que le chemin de l'un nous ouvre les yeux sur celui que nous ne connaissons pas. Que celui de l'autre nous apprenne à danser de joie. AMEN.

Dimanche de la troisième semaine de l'Avent
Matthieu 1, 18-24 : comportements déraisonnables

Si vous ne croyez pas, vous ne comprendrez pas, disait saint Augustin devant le mystère de Noël. À l'heure où l'on parle tant des accommodations raisonnables, nous voici, comme croyants, devant des comportements déraisonnables. Au lendemain de la publication des orientations gouvernementales concernant le programme de culture religieuse que l'État veut implanter en septembre prochain, le chef de l'opposition s'y opposait parce cela allait mélanger les enfants. Il faisait allusion à une culture religieuse plutôt méconnue ici et qui transformait le Dieu en fée. Il demandait un moratoire. Mais ce comportement déraisonnable est la bonne nouvelle à offrir à notre monde. C'est le chemin de l'Évangile.

Notre foi repose sur des comportements déraisonnables qui provoquent des remous chez les croyants. Nous sommes tellement habitués à répéter des formules : *Dieu s'est fait homme, le Verbe s'est fait chair, il est né de Marie, vierge*, etc., à entendre la parole de Dieu, que nous n'entrons plus dans le mystère du déraisonnable. C'est déraisonnable que d'affirmer, aux yeux des différentes cultures religieuses, qu'un Dieu très-haut, lointain, s'est fait le très-bas. C'est déraisonnable de saisir que l'incréé, le Dieu tout-autre, est descendu tellement bas que *personne ne lui ravira la dernière place* (Charles de Foucauld). Quelqu'un qui se déclare Fils de Dieu, sauveur, et qui prend le chemin de la dérision et de la mort, peut-il encore se dire Dieu? Comment comprendre l'agenouillement d'un Dieu devant un plus bas que lui? Comment comprendre qu'un Dieu puisse ne servir qu'à laver les pieds empoussiérés de disciples?

Devant ces comportements divins, nous sommes quelque peu *frileux*, le mot est de Benoît XVI, pour clamer comme on l'a entendu cette semaine que des femmes stériles ont donné naissance à un enfant : *un homme nommé Manoa, sa femme était stérile* (Jg 13, 2); *Élisabeth n'avait pas d'enfant. Elle était stérile* (Lc 1, 7). Une vierge immaculée qui s'entend dire : *Tu enfanteras un Fils, tu lui donneras le nom de Jésus.*

Devant nos yeux contemplatifs d'un si grand mystère, celui de la disproportion du déraisonnable qu'est Noël, nous, humains, avons besoin d'un modèle, celui de Joseph, que nous offre à rencontrer l'évangile de ce jour.

C'est devant ce Dieu aux comportements déraisonnables, que se trouve confronté Joseph. Quel drame il a pu ressentir dans son cœur d'humain en apprenant que celle qui lui était *accordée en mariage*, était enceinte? Son cœur était labouré par l'épreuve. Il était dans cette nuit de foi dont parlent les mystiques. Au cœur de sa nuit, Joseph avait besoin d'espérance, d'un peu d'oxygène pour respirer. Il a entendu une voix : *ne crains pas de prendre chez toi Marie*. Ce fut sa mission, *ne pas craindre*. Au cœur de cette souffrance blessante qui se vit ici à quelques jours de Noël, parlons au nom de Dieu; je vous le demande : *n'ayez crainte*.

Ce que Joseph nous laisse voir, ce que la première lecture nous fait entendre, ce que saint Paul exprime sur sa mission, montre qu'accueillir Jésus, lui donner naissance en nous, ne sera jamais facile. Ce ne fut facile, ni pour Marie, ni pour Joseph. Ce n'est pas facile de vivre les événements qui affectent votre paroisse. L'écriture nous enseigne qu'aider Jésus à naître dans les cœurs, que de semer une présence de compassion, de soutien jusqu'à accueillir chez soi des maganés de la vie, que de voir son visage, Le contempler dans ces *misérables* que nous aidons, c'est dangereux. Sœur Estelle y a laissé sa vie[1].

Paul nous dit, dans la deuxième lecture, que la mission de l'envoyé Jésus, et la nôtre, conduisent à mener une vie d'embûches. Nous sommes baptisés pour porter une mission dangereuse. Mission que l'on ne choisit pas, qu'il convient d'accueillir, au risque de voir s'éteindre la grâce qui nous a été donnée. Annoncer la bonne nouvelle qui concerne Jésus, *né de la race de*

---

[1] Dans la région de Montréal, dans les jours précédents, Sœur Estelle fut assassinée par un individu atteint de maladie mentale. La communauté dont elle fait partie n'a pas voulu porter plainte en justice.

David, selon l'Esprit qui sanctifie, établi par sa puissance de Fils de Dieu par sa Résurrection, sera toujours mortel pour le messager.

Nous avons reçu l'impossible mission de montrer l'Inconcevable : un Dieu fait homme, né d'une Vierge, qui a souffert et est ressuscité. Un Dieu qui s'est fait petit pour ne pas nous effaroucher. *Un Dieu qui s'est refusé d'être enfermé dans ce qu'il y a de plus grand pour se laisser enclore dans ce qu'il y a de plus petit* (Hölderlin).

En disant OUI, malgré la tempête intérieure qu'il vivait, Joseph a reçu, dans sa vie d'homme croyant, le plus grand trésor que l'humanité puisse offrir. Il est devenu *l'ombre du Père* (André Doze).

Celui que tous les prophètes avaient chanté, celui que la Vierge attendait avec amour et que Jean-Baptiste a proclamé la présence au milieu de notre monde, qu'il nous donne la joie d'entrer maintenant dans le mystère du déraisonnable d'un Dieu qui prend les devants pour nous sauver. AMEN.

Vendredi de la troisième semaine de l'Avent
Luc 1, 39-45 : une histoire de joie

Deux femmes, au sommet de la joie humaine et spirituelle, portant deux enfants inattendus. Deux femmes, l'une *avancée en âge*, réduite à un double silence, celui de la honte d'être *femme stérile*, celui de ne plus pouvoir s'exprimer avec Zacharie et qui résume dans sa personne toute l'histoire de l'attente de Dieu; et l'autre, venue du soleil levant, l'orient, toute jeune *comblée de grâce* (Lc 1, 27-28), qui annonce dans sa personne l'Église des millénaires à venir. Deux femmes qui ne nous offrent pas seulement des émotions humaines, mais qui témoignent que rien n'est impossible à Dieu. Elles sont au commencement de l'arrivée de la joie : Jésus.

La joie de croire est la première des béatitudes. Marie est proclamée heureuse d'avoir cru en des paroles qui dépassent tout entendement humain : *Réjouis-toi*. Elle exultait tellement de joie qu'elle s'est faite porte-voix qui ouvre sur la parole, sur la joie. Elle n'a pas étouffé sa joie, ni perdu la voix dans le divertissement. Sa voix, qui chantait en elle comme un feu de joie, elle l'a communiquée, partagée. C'est Marie, porteuse de Dieu, qui a salué en premier sa cousine. *Si on fait du bonheur une idole, on se trompe de chemin, et il est vraiment difficile de trouver la joie dont parle Jésus*, déclarait Benoît XVI, dimanche dernier.

Les grandes Odes que nous entendons ces jours-ci dans la liturgie, aux Vêpres, nous disent que la joie est inscrite dans les messages des prophètes. *L'hiver est passé, la saison des pluies s'en est allée* (première lecture). Le temps de la tristesse s'efface. À travers ces Odes poétiques, solennelles, l'Église nous invite à retourner au paradis de la joie perdue. *Ô Emmanuel, ô Roi, ô clef de David*. La joie de Marie était tellement communicative qu'elle a fait *tressaillir d'allégresse* l'enfant que portait Élisabeth.

À son tour, Élisabeth surprend Marie par un *cri de joie*, une seconde joie: *tu es bénie entre toutes les femmes. Heureuse toi qui as cru à l'accomplissement des paroles qui te furent dites de la part du Seigneur*. De nouveau Marie, sous l'action de l'Esprit, répond à sa cousine en lui révélant ce qui deviendra le chant final de nos fins de journée: *Mon âme exalte le Seigneur, car il fait des merveilles*. Abîme de joie que ce chant, manifestation de la bonté de Dieu à *tomber amoureux de ta créature* (Catherine de Sienne, *Dialogue n°25*) jusqu'à nous donner, aussi à nous, de *tressaillir d'allégresse* pour l'enfant divin enfoui dans nos cœurs.

Contemplatives, contemplatifs, la joie couve dans les cœurs de nos contemporains qui sont en attente de voix capables, comme Marie, de montrer la Parole, de montrer la joie. C'est parce qu'elle a écouté la parole, l'a gardé vivante en elle, l'a partagée que Marie fut présentée par Jésus comme un modèle de foi. Un modèle de visitation de notre monde. Sans crainte, pourtant enceinte, elle a pris la route de la montagne pour porter charité à sa cousine. La joie est charité.

En ces temps difficiles, il faut revenir à cette scène de la visitation. Pour nous aussi, *l'amour du Christ* nous presse, dit l'apôtre Paul. Pour nous aussi, la joie de naître à Dieu nous pousse dehors sur les routes, à temps et contretemps. C'est la joie qui évangélise.

Par la foi, Marie a dit oui à Dieu ; Il s'est incarné en elle. Par la foi, elle a marché malgré les contrariétés de la route. Jésus a été reconnu par Élisabeth. Par la foi, elle fut *comblée de grâce*. Elle est devenue une femme heureuse, une femme eucharistique qui sait, aujourd'hui comme hier, enfanter à la joie.

À votre contemplation : *écoute avec bonté Seigneur la prière de ton peuple qui se réjouit de la venue de ton Fils dans notre chair* (oraison). *La grande tristesse, bien plus la grande détresse de notre monde*, déclarait récemment Benoît XVI, *vient de son manque de foi dans celui qui vient, qui reviendra*. Puissent la voix de Jean-Baptiste et celle de Marie nous éloigner de la pénombre de nos divertissements, de nos fascinations pour le plaisir, pour nous faire entendre cette autre voix, celle d'Isaïe, nous dire : *lève-toi, mon amie, le temps des chansons arrive* (première lecture). *Que celui qui nous donna la joie d'entrer dans le mystère de Noël nous trouve vigilants dans la prière* (préface). Que Marie nous rende capables de *crier au Seigneur notre joie, de lui chanter par nos vies contemplatives, un chant nouveau* (Ps). AMEN.

Lorsqu'il est venu en ce monde,

c'était au temps où les hommes

étaient arrivés au comble de leur malice.

Saint François de Sale

TEMPS

DE

NOËL

Vendredi de l'octave de Noël
Matthieu 2, 13-18 : les saints innocents

Pour créer notre terre, pour que naissent le jour et la nuit, les oiseaux du ciel et les poissons de la mer, pour que la lumière soit, que la vie soit, il n'a fallu qu'une parole créatrice : *Et Dieu dit*. Pour que notre terre redevienne *commencement de la bonne nouvelle, vous m'avez donné de la peine*, dit le prophète Malachie (2, 17). Il a fallu que cette même parole créatrice, par laquelle le monde a été si *merveilleusement créé* (oraison, messe du jour de Noël) entre *plus merveilleusement* dans le monde. Une entrée qui nous donne une telle grandeur, une telle dignité, que nous devenons *participants de sa divinité* (2 P 1, 4).

Mais, vient de nous dire Matthieu, *à la nouvelle de la naissance du Sauveur, Hérode devint soucieux, et tout Jérusalem avec lui* (Mt 2, 2). *Il est venu chez les siens, et les siens ne l'ont pas reçu* (1, 11). *On ne le veut pas*, disait Benoît XVI, dans son homélie de Noël. Comment comprendre qu'un *nouveau-né, petit comme moi, faible comme moi, nu comme moi, pauvre comme moi* (Aelred de Rielvaux), comment comprendre que l'arrivée *d'une grande lumière* ouvre sur des ténèbres, sur des comportements si déraisonnables de la part d'Hérode ? Je suggère la réponse que nous donnait un moine bénédictin du début du XIe siècle : *Ce qu'elle avait créé dans la facilité, la Parole ne l'a pas recréé aussi facilement. Elle a créé par son commandement mais elle a recréé par sa mort. Elle a créé en commandant, mais elle a recréé en souffrant* (Julien de Vézelay, extrait de *Évangile au quotidien*, 24 déc. 2007).

Voilà ce que laissait entendre la liturgie, dès le lendemain de Noël, dans le martyr d'Étienne et, aujourd'hui, dans celui des saints innocents. En devenant l'un de nous, Jésus, parole créatrice, ce verbe de Dieu qui a fait sortir toutes choses du néant, ce logos de Dieu, ce *Dieu avec nous*, a tout pris, incluant nos ténèbres, la souffrance et la mort. Commençait alors pour ce nouveau-né, Jésus, le mystère de sa passion préfigurée dans le massacre sans pitié de nouveau-nés. À travers ces enfants, ces *petits riens* non dangereux, le Verbe fait chair dit sur le monde son dernier mot, le mot le plus profond, le plus beau que personne ne pourra lui ravir ni reprendre : *Ô monde, ô humain, tu as du prix à mes yeux et je t'aime.*

Contemplatives, contemplatifs, faire mémoire de ces martyrs, c'est, en quelque sorte, fêter Noël jusqu'au bout. Noël et la Passion, c'est Dieu qui trouve sa place jusque dans nos enfers. C'est Dieu qui atteste que son trône royal (saint Bernard) se trouve dans ce qui est petit, minable, misérable, parce que *Dieu ne se laisse pas mettre dehors* (Benoît XVI). Et l'espace que ce Dieu choisit pour entrer en nous est une étable, *cette terre maltraitée, ce cosmos tout entier, lacéré, défiguré, [...] parce que dans la salle commune, il n'y avait pas de place* (Benoît XVI). *Le Seigneur est proche du cœur brisé* (Ps 34, 19).

Ce qui est merveilleux et étonnant aussi dans ce geste déraisonnable d'Hérode, ce n'est pas la grandeur des enfants, ni leur capacité de parler de Jésus, mais bien qu'ils ne représentaient rien, sinon une infinie proximité de date avec la naissance de Jésus. Ces enfants n'ont rien fait pour figurer au calendrier de l'Église. *Ils ont annoncé ta gloire non point par la parole mais par leur seule mort*, vient de nous dire la prière d'ouverture. Alors qu'ils ne savaient pas encore parler, le Christ les rend capables d'être ses témoins.

Dans sa lettre de Noël, votre ministre général écrivait que *désormais le langage de Dieu est un langage sans défense*. À tous ceux et celles qui ont reçu ce langage, qui *donnent du temps à Dieu, qui font de l'espace à Dieu*, qui vivent cette naissance jusqu'au bout de l'anéantissement, *il leur a donné de devenir fils de Dieu* (Jn 1, 12).

À votre contemplation : Noël, c'est bien vivre la grâce des petites choses, des petits commencements. C'est bien vivre la beauté restaurée de nos étables. Ce temps nous ouvre les yeux sur toutes les petites choses, qui nous sont familières, mais qui mènent à lui. En cette octave de Noël, que cette voie des petites choses ne cesse de proclamer un grand nom, une grande espérance, une grande lumière. AMEN.

Jour de l'an 2008
Luc 2, 16-21 : devenir des *bénédictions de Dieu*

C'est avec une bénédiction, la bénédiction prononcée par Aaron et ses descendants sur les fils d'Israël, que l'Église nous invite à entrer dans cette année nouvelle : *Que le Seigneur te bénisse et te garde! Que le Seigneur fasse briller sur toi Son visage, qu'Il se penche vers toi! Que le Seigneur tourne vers toi Son visage, qu'Il t'apporte la paix!*

Pour donner tout son sens à cette bénédiction, pour nous en faire saisir toute la profondeur et la beauté, la liturgie nous offre une clé en la personne de Marie. Dès sa naissance, Marie fut *comblée de grâce*. Elle fut bénie de Dieu. Elle a *tressailli de joie en Dieu son Sauveur, parce qu'Il a jeté les yeux sur l'abaissement de sa servante*. Bénie entre toutes les femmes, *bénédiction de Dieu*, Marie a mis au monde le prince de la paix.

Cette bénédiction d'Aaron se réalise en Jésus qui est *bénédiction du Père* : *Quand vint la plénitude du temps, Dieu envoya son Fils, né d'une femme* (deuxième lecture). Elle se réalise en la personne de Marie. Elle s'adresse aussi, en ce début d'année, à chacun et chacune d'entre nous. Nous avons été choisis, prédestinés, dit Paul, pour être, le mot est très fort, *bénédiction de Dieu* pour notre monde. Nous sommes paix de Dieu pour le monde.

La question de Marie est la nôtre : *comment cela peut-il se faire?* Comment être, tout au long de cette année, des *bénédictions de Dieu*? Comment être cette paix de Dieu pour notre monde?

L'évangile que nous venons d'entendre, suggère une réponse : *retenir tous ces événements et les méditer dans nos cœurs*. Plus souvent qu'autrement, les événements que nous retenons ont des allures de terrorismes, d'affrontements, de chacun pour soi. Marie, elle, a préféré lire, méditer les événements qui lui arrivaient, à partir de la parole de Dieu. Sa disponibilité fut totale. Elle nous apprend à garder la mémoire de Dieu, à méditer la parole, à prier la parole. Elle nous apprend à ne pas juger trop vite nos événements, ce qui nous arrive, et à oser scruter même l'improbable, à laisser advenir l'impossible. *Que tout soit fait selon ta Parole. Si l'on côtoie Jésus comme Marie l'a fait,* vient de dire Benoît XVI, *la vie devient belle et l'on va bien.*

En consacrant ce premier jour de l'année à la mémoire de Marie, mère de Dieu, l'Église nous dit que Dieu veut que nous soyons pour notre temps des *mères de Dieu*. Si nous avons la foi de Marie, si nous sommes assidus à l'écoute des événements que nous vivons, nous serons, nous aussi, comme Marie, capables d'enfanter de Dieu, de donner naissance à Dieu. Au XIIe siècle, Guerric disait : *Celle qui a conçu Dieu par la foi, te promet à toi aussi, si tu as la foi, la même faveur*. Non seulement nous pouvons laisser naître Dieu en nous, mais, et c'est le mystère de la foi, Jésus nous veut, nous choisit comme *mère* pour le mettre au monde dans notre monde. Comme les femmes enceintes se donnent beaucoup de précautions pour ne pas perdre leur embryon, nous devons nous aussi porter beaucoup d'attention à cet enfant que nous portons. Il nous faut le protéger pour qu'il puisse naître et grandir en nous. Marie nous offre de *méditer ces événements* inouïs d'un Dieu qui vient habiter chez nous.

Que d'occasions avons-nous de laisser mourir Dieu en nous! Le signe visible que nous ne laissons pas mourir Dieu en nous, que nous sommes *bénédiction de Dieu*, c'est la paix. Non pas la paix qui naît de l'absence de guerres, de soucis, mais cette paix qui vient de l'intérieur de nous, qui commence au dedans de nous-mêmes. Le *Christ est notre Paix* [...] *Acquiers la paix en toi-même et des milliers d'autres autour de toi trouveront le salut* (Séraphim de Sorov). C'est par nos *œuvres bonnes* de paix que nous *aidons* Dieu à ne pas mourir. *Ce n'est pas une grandchose de bien vivre en compagnie de personnes bonnes et paisibles. Mais vivre en paix avec des gens durs, méchants, qui nous rebutent, c'est une grande grâce, une façon de vivre louable et courageuse*. C'est être bénédiction de Dieu.

A votre contemplation : c'est en devenant des auditeurs de la parole de Dieu que nous pouvons discerner que nous sommes, à travers des événements de notre quotidien, *bénédiction de Dieu*. Quel beau programme pour cette nouvelle année : retenir et méditer que Dieu laisse peindre en nous son image. Méditons dans nos cœurs cet appel à être *bénédiction de Dieu*, paix de Dieu. Comme les bergers, glorifions et louons Dieu pour tout ce que nous avons entendu, vu et touché du Verbe de vie. AMEN.

Que le Seigneur

te bénisse

et

te garde!

Vendredi de la première semaine du temps de Noël
1 Jean, 35-42 : *un regard – une demeure*

Il y a des mots qui nous sortent du sommeil, des mots qui réveillent des souvenirs : *Voici l'Agneau de Dieu.* Mots frontières entre deux époques, deux alliances. Mots souvenirs d'une direction. *Voici.* Mots commencement de notre *entrée en grâce.* Pour les deux disciples, Jean n'a pas parlé dans le désert. Ils ne sont pas restés indifférents, n'ont pas fait sourde oreille à cette parole. Ils se sont faits *écoute. La foi naît de ce qu'on entend* (Rm 10, 17).

Ils entendirent des paroles étonnantes : *Venez et vous verrez.* Ces mots condensent l'itinéraire spirituel de tout disciple. Pour confirmer qu'ils s'ouvrent sur une vie nouvelle, qu'ils sont *commencement d'une bonne nouvelle,* Jésus dit : *Simon, fils de Jean, tu t'appelleras Képhas.* Quant à Jacques et son frère, il les appellera, dit Marc (3, 17), *fils du tonnerre.* Aujourd'hui, Jésus, Verbe de Dieu, logos éternel, nous *donne un nom bien supérieur,* dit saint Jean Chrysostome, *tu t'appelleras chrétien.*

Dans cette page de Jean, Dieu nous donne non seulement d'entendre sa parole, non seulement *il nous la rend audible* (Guerric), mais il nous donne de la voir en action. Si notre foi naît de ce que nous entendons, elle croît plus rapidement en nous à partir de ce que nous voyons. *Ce que nous avons vu de nos yeux, ce que nous avons entendu, ce que nos mains ont touché du Verbe de Vie, nous vous l'annonçons* (1 Jn 1, 1). Tout lecteur attentif, clairvoyant aus-si, du prologue de Jean, perçoit très bien qu'au-delà du changement de nom, l'invitation de Jésus, *venez et vous verrez,* a radicalement transformé les disciples. Sur le champ, ils furent eni-vrés de Jésus. Ils le suivirent sans connaître son adresse.

Contemplatives, contemplatifs, Jean nous confirme qu'à *l'origine du fait d'être chrétien, il y a la rencontre avec un événement, une personne qui donne à la vie un nouvel horizon, et avec cela la direction décisive* (cf. *Deus Caritas est,* n°1). Il faut développer ce désir d'être présent à quelqu'un, de rencontrer ce quelqu'un comme si nous le rencontrions pour la première fois, comme si nous entendions ces mots : *Venez et vous verrez.* Des mots pleins de soleil, qui nous font voir avec éclat comment nous sommes aimés par le Père éternel. *Il est venu,* non pas en créateur de toutes choses, non comme un Dieu tout-puissant, mais, en se faisant l'un de nous, (quel comportement déraisonnable) pour nous donner notre *entrée en grâce.*

Ne laissons pas vieillir ces mots en nous, ni perdre leur saveur parce qu'alors, ils n'ouvriront plus au désir de nous laisser engendrer en Dieu. Ne laissons pas nos oreilles devenir sourdes à ces mots que nous entendons, que nous lisons en touristes, et que nous risquons de ne plus habiter, Ne permettons pas à nos palais de ne plus goûter la délicate saveur du goût de Dieu qui s'y cache. Des mots qui nous sortent de notre sommeil.

À votre contemplation : si seulement nous consentions à nous engager à la manière de Pierre, Jacques et son frère! Saint Jean nous présente une vision transformante. Elle exige que nous devenions ce que nous contemplons, que nous devenions ce que nos yeux ont vus, ce que nos mains ont touché du Verbe de vie. Nous avons vu Dieu. Nous devons devenir Dieu. Nous avons touché Dieu. Nous devons maintenant brûler ce qui n'est pas Dieu en nous. *Sois la lumière de ton peuple et brûle toujours son cœur aux splendeurs de ta gloire* (oraison).

Vendredi de la deuxième semaine du temps de Noël
Première lettre de Jean; Luc 5, 12-16 : le lépreux purifié

Ému de compassion, Jésus étendit la main, le toucha. Ému par une immense compassion, François, par un baiser, geste inconcevable s'il en est un, laissa voir sa folie de vivre littéralement le saint évangile. Ce toucher de Jésus, comme ce baiser de François, demeure aujourd'hui, comme il l'était hier, une folie à nos yeux. Pour Jésus comme pour François, osons le dire, le lépreux était si beau, qu'il a touché leur cœur. Le lépreux était si sincère dans son regard, qu'il a provoqué un geste inouï d'audace qui ne pouvait passer inaperçu. En s'approchant de Jésus, le lépreux était déjà sauvé en espérance. Et le lépreux, quant à lui, ne pouvait pas contenir sa langue. Ne pouvait pas respecter l'ordonnance du silence.

Ce qui nous étonne dans cette page de Luc, c'est justement le silence que Jésus impose au lépreux. Luc veut ainsi ouvrir le mystère sur autre chose. Jésus ne veut pas se cacher, ni cacher sa compassion, mais il préfère la puissance du témoignage discret au bruit assourdissant des mots, à l'enthousiasme des foules. *Ta guérison sera pour les gens un témoignage.*

Découvrons, dans ce silence imposé par Jésus, que le bruit fait autour d'un miracle, que l'enthousiasme qu'il suscite, ne servent pas à la proclamation de la Parole. Ils peuvent même y faire obstacle. Songeons à un autre passage où, face à Satan qui le reconnaîtra comme le *saint de Dieu*, Jésus aura la même réaction.

Contemplatives, contemplatifs, l'enjeu véritable que Jésus, par le silence qu'il impose, recherche par-dessus tout, n'est pas de convaincre à force d'arguments, non pas de faire plier ceux qu'il rencontre, mais de toucher les cœurs, cette partie la plus secrète et la plus profonde de notre être. C'est là, dans ce lieu secret du cœur, que son geste de compassion veut nous faire revenir et que François, dans l'épisode du lépreux, a bien compris.

Lui, élevé dans un milieu huppé, raffiné, fut tellement ému de compassion face à ce lépreux atteint de cette maladie horrifiante qui mange de son vivant la chair humaine, qu'il lui a offert ce geste le plus beau qui soit : un baiser. François aurait pu signer ce qu'un vieux moine disait : *si je pouvais trouver un lépreux pour lui donner mon corps et prendre le sien, je le ferais, car telle est la charité parfaite*. Quelle fut cette force irrésistible qui a poussé cet homme respecté, respectable par ses origines familiales, jusqu'à baiser un corps en décomposition? D'où lui est venue l'énergie de transgresser la barrière entre le noble et l'ignoble, le pur et l'in-fect, le beau du monstrueux? Je risque une réponse : se dépouiller de tout, même de ses dé-goûts et répulsions.

A votre contemplation : aujourd'hui encore, des hommes et des femmes sont aux prises avec toutes sortes de lèpres, à la recherche d'une présence, d'une compassion. Ils sont pour nous *la parure de la divinité* (Isaac de Ninive). Ils nous appellent (et *Jésus le veut*), même si quelquefois nous ne le voulons pas vraiment, à les toucher par compassion pour *entrer plus avant dans ce grand mystère* d'un Dieu qui se cache en eux. Rien n'est incurable aux yeux de Dieu. Transformés *d'avoir mis notre foi dans le Fils de Dieu que nous possédons en nous-mêmes* [et par] *cette force de rendre témoignage* (première lecture), apaisés comme les Mages d'avoir vu son étoile, voici du pain pour nous aider à prendre un autre chemin, celui de la compassion, jusqu'à devenir miroir de Jésus et de François. AMEN.

Noël, c'est Dieu

qui s'aligne sur l'inférieur

(Boulgakof).

TEMPS

DU

CARÊME

Vendredi des Cendres
Matthieu 9, 14-15 : les invités aux noces

Un autre carême commence. Mais pourquoi ? C'est Thérèse d'Avila qui répond : *Nous ne sommes pas des anges. Ce n'est point notre nature. Ce qui nous est naturel, c'est de nous relâcher dans certaines choses qui paraissent peu graves, de persévérer dans le relâchement [...] ce n'est pas péché mais c'est ne plus maintenir sa lampe allumée* (Pensée sur l'amour).

Maintenir sa lampe allumée, c'est le chemin pour redevenir chrétiens, pour redevenir moniales, parce que notre vie baptismale ne semble pas toujours très efficace. *Nous sommes déjà baptisés, mais le baptême n'est pas toujours à l'œuvre dans notre vie quotidienne. Nous sommes toujours tentés de nous relâcher* (Benoît XVI, Carême 2007). Redevenir chrétiens pour vivre quelque chose de neuf, de tout neuf : nous ne sommes plus sous le régime de la loi, celui des jeûnes à observer, mais des invités à des noces. Nous sommes avec l'Époux. Aussi bas que nous puissions tomber, aussi loin que nous puissions nous éloigner de lui, nous ne pouvons plus vivre comme avant, notre *terre n'est plus maudite* (Zundel), parce que le vin du ressuscité coule en nous.

Redevenir chrétiens est un long processus qui nous conduit à *notre chambre intérieure* (Catherine de Sienne), là où Dieu nous attend pour nous offrir miséricorde. Redevenir chrétiens, parce que notre connaissance de Dieu sera toujours *partiale* (1 Cor 13, 12). Elle ressemble au geste de cette femme qui, dans la foule, parvient à toucher la frange de son vêtement. Devant cette scène, saint Ambroise a cette réflexion : *Heureux donc qui touche au moins l'extrémité du Verbe : car qui peut le saisir tout entier?*

Contemplatives, contemplatifs, l'Église nous propose un temps qui n'a rien à voir avec une épreuve physique, ni avec une «face de carême». Elle nous propose de réveiller en nous la manière d'agir de Dieu : délier les chaînes injustes, aider la veuve et l'orphelin, accueillir les sans-papiers (Is 58). L'ascèse qui est demandée ici, entre nous, est celle qui consiste à transformer notre vie ensemble, en un jardin d'Éden. Pour y réussir, méditons ce que disait un moine du désert : *le jeûne le meilleur est, entre nous, l'abstinence de méchanceté. Meilleure que l'abstinence de pain et d'eau, meilleure que de "se couvrir de sacs et de cendres"* (Is 58, 5; voir aussi saint Aphraate, 345).

Saint Léon le Grand propose : *Que l'orgueil désenfle, que la colère s'apaise, que soient brisés les traits blessants et que soient réprimés les dérèglements de la langue ; que cessent les vengeances et que les injures soient oubliées. Bref, que soit déraciné tout plant que n'a pas planté le Père céleste.*

A votre contemplation : entrons en carême, *résolument, fidèlement mais aussi simplement, tranquillement et humblement* (Ambroise de Lombez, 1708-1778). Ce qui plaît à Dieu, c'est que nous le laissions faire son travail en nous parce que, de nous-mêmes, il est impossible de nous transformer en lui, de nous transmuter en lui. Que Dieu donne à nos cœurs de le désirer ; qu'il éteigne en nous tout ce qui n'est pas lui pour y allumer le feu de son amour. AMEN.

Vendredi de la première semaine du Carême
Matthieu 5, 20-26 : plus que pardonner, aimer nos ennemis

Pour que ce carême soit profitable, ouvre nos esprits à l'intelligence de ta loi, priait l'oraison d'ouverture lundi dernier. Ouvrir nos esprits à cette loi qui nous fait chercher Jésus dans celui qui est tout prêt de nous : *J'avais faim, j'étais nu* (lundi). Ouvrir nos esprits à cette loi *de ne pas rabâcher nos prières comme les païens*, mais de vivre celle que Jésus nous a enseignée : de sanctifier son nom, de faire advenir son règne, de pardonner (mardi). Ouvrir nos esprits à cette loi de la conversion que clamait Jonas aux peuples de Ninive, en passant de l'ignorance à la vraie connaissance de Dieu, de la folie à la sagesse, de l'injustice à la sura-bondance de justice (mercredi). Ouvrir nos esprits à cet appel de ne pas faire vivre aux autres ce que nous ne souhaitons pas vivre (jeudi).

Nous entendons, ce matin, une invitation à nous donner *une conduite étrange*: *tu ne commettras pas de meurtre* par la langue, le jugement, par des silences, des regards méprisants ; ce sont là autant de chemins pour *nous exposer au Sanhédrin*. Ce que Jésus nous demande de lui donner ce matin, l'offrande à lui faire, ce ne sont pas nos beaux sentiments, nos pieuses pensées, mais plutôt nos vieux ressentiments, nos ruptures de relation, nos indifférences qui ont même pu remplacer la haine, nos scènes de colère qui dictent un comportement amoindri, en mauvais état. Disons-le autrement : Jésus nous invite à ne *plus être en froid avec quelqu'un*. C'est la haine qui alimente la haine. *Si tu présentes ton offrande à l'autel et que tu te souviens que ton frère ou ta sœur a quelque chose contre toi, laisse là ton offrande et va d'abord te réconcilier avec ton frère ou ta sœur.*

Contemplatives, contemplatifs, Jésus ne nous dit pas que *tout le monde est beau*, que *tout le monde est gentil*. Il ne nous laisse pas entendre que nous pouvons vivre toute une vie sans colère, sans ressentiment envers ceux et celles qui nous sont les plus proches, qui nous tombent sur les nerfs chaque fois qu'il ou qu'elle parle. Pour Jésus, un conflit reste un conflit, un adversaire, un adversaire.

Mais ce que nous dit Jésus, ce qu'il nous demande, et en cela est toute la nouveauté, c'est d'agir comme lui en ne prenant pas en considération que l'autre soit sage, courtois, bon ou aimable envers moi. Il nous demande de voir en lui, au-delà de comportements inadéquats, sa beauté et bonté première. Un tel regard nous aidera à ne pas le juger, à ne pas penser en mal de lui, à ne pas l'éviter, mais de nous empresser *vite*, dit l'évangile, d'aller vers lui. Pas facile quand nous sommes habités par le ressentiment, la colère, la révolte. Mais ce regard sur la beauté première, indélébile, c'est à nous qu'il fera du bien. Il nous pacifiera, même si la route est encore longue.

Cette page a la signature de Jésus. *Plus on haïssait Jésus*, fait remarquer Jean Chrysostome, *plus il avait d'égards pour eux, plus il leur prodiguait ses soins. Plus on le disait «fou», plus il allait vers ceux qui devaient le crucifier, dans le seul but de les sauver.* Même maltraités injustement, même quand notre réputation est malmenée, il faut aller vers eux. C'est ainsi que nous imitons Jésus, devenons évangile de Dieu, lui qui n'a pas épargné son Fils pour que ses bourreaux soient sauvés. À ses bourreaux, Jésus disait : *vous êtes mes amis*. Ces sentiments qui furent ceux du Christ, appartiennent désormais à ceux et celles qui le suivent. C'est le chemin de la loi nouvelle.

À votre contemplation : le Starets Silouane, par toute sa vie, a démontré qu'il faut aller plus loin que la réconciliation, plus loin que le pardon. Il se confesse : *Lorsque j'étais dans le monde, j'aimais de bon cœur pardonner, je priais volontiers pour ceux qui m'avaient offensé; mais quand je vins au monastère, je reçus une grâce et elle m'apprit à aimer mes ennemis. Que nos cœurs s'arrachent à leur vieillissement pour nous faire communier au mystère de cette loi nouvelle* (oraison finale). AMEN.

Vendredi de la deuxième semaine du Carême
Matthieu 16, 13-19: Chaire de Saint-Pierre

Deux regards sont posés sur Jésus. Un regard humain, celui de la foule; un regard inspiré par l'esprit de Dieu, celui de Pierre. Le premier, ce n'est pas banal, voit en Jésus un prophète, quelqu'un qui parle au nom de Dieu. Le second reconnaît en Jésus beaucoup plus, infiniment plus qu'un prophète; il reconnaît en Jésus, le Fils du Père. Le *Je Suis*.

Ces deux regards coexistent toujours. Hier, c'était dans l'Aréopage d'Athènes à l'occasion de la prédication de Paul. Tant que l'apôtre parlait du Dieu *qui a fait le monde et tout ce qui s'y trouve*, tous l'écoutaient. Lorsqu'il commença à parler de Jésus Christ *ressuscité d'entre les morts*, celui dont Pierre a parlé en disant : *Tu es le Messie*, Paul se fit répondre : *nous t'entendrons là-dessus une autre fois* (Ac 17, 22-30).

Aujourd'hui, beaucoup de chrétiens voient en Jésus un grand prophète, un être suprême. D'autres, envers et contre tout, professent la foi de Pierre, la foi de l'Église : *Tu es le Christ*. Pour clamer cela, il faut, comme Pierre, avoir fréquenté Jésus, vivre d'un cœur à cœur avec lui. C'est de ce lieu-là, du plus profond de notre être, que jaillit la profession de foi de Pierre. La nôtre aussi : *Tu es le Messie, le Fils du Dieu vivant*.

Contemplatives, contemplatifs, en appelant Simon à devenir Képhas, Jésus lui confirme que c'est à travers ses trahisons, ses hésitations, que sa foi deviendra un roc inébranlable. Pierre nous montre comment la route des dangers, comme celle de nos éloignements de Dieu, peut se transfigurer en déclarations de foi profonde. Jésus bâtit son Église sur la pierre de la foi que nous professons, plutôt que sur nos reniements. *Sur cette pierre*, c'est ainsi que saint Augustin paraphrase les paroles du Christ, *je bâtirai la foi que tu as professée. Je bâtirai mon Église sur le fait que tu as dit : «Tu es le Christ, le Fils du Dieu vivant»*.

Ensemble, nous avons mission de tenir vivante la flamme de notre foi. Malgré les bouleversements d'hier, d'aujourd'hui et de demain, il faut entendre la voix de Jésus qui clamait sur la montagne du Thabor : *N'ayez pas peur, je suis vainqueur du monde. Ce qui nous fait chrétiens de profession, c'est la foi en Jésus. Ce qui nous fait chrétiens de pratique, ce sont les souffrances* (Jean de Bernière-Louvigny) à ne pas vivre intégralement ce que nous professons. Voilà ce que dit tout le mystère de la chaire de Pierre, dont nous faisons mémoire aujourd'hui. Nous pouvons tomber, c'est humain, mais notre foi est roc inébranlable.

À votre contemplation : la compassion de Jésus pour Pierre, son geste d'en faire le roc sur lequel il bâtit son Église, dit ce que Dieu est pour nous : berger miséricordieux. *Avec lui, rien ne saurait me manquer* (Ps 23(22). Son regard bienfaisant sur Pierre, Jésus l'a confié à son Église pour que nous l'ayons à portée de main.

C'est en étant *saisis par le Christ* que nous aurons nous aussi, des yeux pleins de compassion, des *yeux ouverts* (saint Bernard) pour le reconnaître jusqu'à clamer comme Pierre : *Tu es le fils de Dieu, tu as les paroles de la vie éternelle*. AMEN.

Vendredi de la troisième semaine du Carême
Marc 12, 28-34 : recevoir le don de la soif d'aimer

Si vous deviez, écrit Mère Térésa dans son testament spirituel, *retenir une seule chose de cette lettre, c'est ceci : «j'ai soif»* est une parole beaucoup plus profonde que si Jésus avait simplement dit : «je vous aime». Elle ajoute : *tant que vous ne saurez pas, de façon très intime, que Jésus a soif de vous, il vous sera impossible de savoir ce qu'il veut être pour vous ; ni ce qu'il veut que vous soyez pour lui.*

À l'heure où le mot *aimer* perd de sa saveur, s'affadit, il est bon d'entendre que ce *j'ai soif* de Jésus à la Samaritaine *est une parole beaucoup plus profonde que si Jésus avait simplement dit je vous aime* (Mère Térésa). Par cette demande, disait la préface dimanche dernier, Jésus nous fait le don de la foi, le don de l'amour. *Lui, le premier il nous aime* (1 Jn 4, 19). Lui, le premier, il s'est vidé de lui-même. Ce *tout*, avant de nous demander d'en vivre, avant de nous l'offrir comme chemin pour devenir lui, Dieu l'a fait sien.

A mi-carême, cet appel à nous convertir à ce *tout* nous semble tellement exigeant que nous pouvons nous demander si cela est possible? Il n'appartient à personne de le changer. *Tout*, parce que *tu ne peux garder pour toi aucune partie de toi*, précise Antoine de Padoue. *Tout*, parce que Dieu ne peut pas nous commander l'impossible. *Tout*, parce qu'à quoi pourrait bien servir nos frugalités sans aimer? Faire nôtre ce *tout*, exige une conversion qui ne sera jamais un effort simplement ascétique, comme se priver de sucre dans son café, mais un don de la soif de Dieu à nous voir tout entier transformés, transfigurés à son image.

Contemplatives, contemplatifs, parce que nous sommes humains, paraphrasant saint Augustin, nous ne pouvons aimer sans d'abord avoir été aimés. Dieu nous aimant le premier, nous pouvons entreprendre cette longue route de *tout donner et se donner soi-même* (Thérèse de Lisieux). Nous pouvons commencer à nous désencombrer de nous-mêmes pour faire de la place à l'autre en nous. Nous pouvons entrevoir que cette longue route, qui ouvre sur le mystère de l'anéantissement de nos je, nous fait entrer dans la joie de cette pauvreté intérieure qui est l'être même de Dieu. Comme l'a si bien compris François, aimer, c'est épouser Dieu qui, dans son être même, est *Dame Pauvreté* parce qu'il nous a tout donné en nous donnant son Fils.

Cette page est au cœur de toute vie monastique. N'en trahissons pas la beauté en en parlant plus qu'en la vivant. Ne craignons pas ce *tout* parce que ce *tout*, saint Paul dit l'amour, *a été répandu dans nos cœurs* (Rm 5, 5). Il y demeurera pour toujours aussi bas que nous puissions tomber dans le non-amour.

À votre contemplation : *Qui donc est assez sage pour comprendre ces choses, assez pénétrant pour les saisir*? Jésus nous demande un peu d'amour pour nous introduire au cœur de sa divinité. Emportés par son immense amour ou plutôt, dit Paul, *par son trop grand amour*, soyons eucharistie pour réaliser que Dieu mérite bien que nous l'aimions, lui qui se fait, au quotidien, pain livré pour nous. AMEN.

Jeudi de la cinquième semaine du Carême
Jean 8, 51-59 : se laisser surprendre par l'inouïe de ce *Je suis*

En écoutant ce matin l'itinéraire d'Abraham *qui crût en Dieu*, unissons-nous à ce peuple immense, qui a Abraham pour père.

Si l'une d'entre vous me disait que Mère Marie-Rose existait déjà avant de naître, nous y verrions sans doute un signe évident de perte de mémoire. Il fallait beaucoup de foi pour l'entourage de Jésus, dont on connaissait les origines (fils de Joseph, de la région de Nazareth, *quand il viendra le Messie nous ne saurons pas d'où il vient*) pour entendre Jésus affirmer : *celui que vous appelez votre Dieu, moi je le connais. Avant qu'Abraham ait existé, moi je suis.*

Cette déclaration, comme celle que la liturgie nous fait entendre depuis quelques jours, ouvre, si nous la recevons dans la foi, sur l'émerveillement dont je parlais mardi dernier. La foi en Dieu n'a jamais fini de nous surprendre. Elle donne un autre sens à notre quotidien.

Se laisser surprendre par Dieu. Ce fut vrai pour Abraham qui a accueilli, sans le savoir, Dieu dans sa tente. Qui a entendu un inconnu lui dire qu'une postérité innombrable naîtrait de lui. Promesse qui dépassait tout regard purement humain. Regardant la promesse de Dieu et laissant de côté toute vision humaine, Abraham a fait confiance aux paroles qui lui avaient été adressées. Il n'a pas hésité à se laisser surprendre par Dieu. Il anticipait dans sa personne ce que clame une hymne liturgique du Carême : *N'attendez pas qu'il soit trop tard pour que Dieu vous donne naissance.* Abraham, dans la foi, a donné naissance à Dieu. Il a permis à Dieu de naître. Il a été *sauvé par l'espérance*; il a été sauvé par sa confiance en Dieu. C'est le propre de la foi d'ouvrir à l'inédit, à l'inattendu. C'est le propre de la foi de nous lancer vers demain, vers une terre promise dont nous ne pouvons soupçonner toute la beauté. Croire sans voir.

Se laisser surprendre par cette confiance en Dieu qui a poussé, hier, Sidrac, Misac, Abdénago à choisir d'adorer Dieu plutôt qu'une statue, fut-elle en or. Se laisser surprendre par ces chrétiens, en Irak ou ailleurs, qui se tiennent debout dans la foi au risque de leur vie.

Même avancé en âge, Abraham est tombé en extase devant une promesse. Nous avons devant nos yeux la réalisation de cette promesse : *Je suis*. Le connaître par le cœur. Le voir par les yeux du cœur. Être en état d'extase, c'est *ne plus exister pour soi*. L'hymne *Venez au jour*, dont je parlais tantôt, chante ainsi: *Ne craignez pas de vous défaire, il recréera ce que vous cédez de vous-mêmes, apprenez Dieu! Il a promis son règne à ceux qui emprunteront ses passages.*

Ce *Je suis*, est *engendré mais non créé*, dit notre Credo, est *dans le Père et le Père en lui*; saint Paul aux Corinthiens (1 Co 2, 9) nous dit que *l'œil de l'homme n'a pas vu, que son oreille n'a pas entendu, que son cœur est incapable de sonder*. C'est pourquoi il faut nous laisser surprendre.

Nous laisser surprendre par la surabondance indescriptible qui se cache sous ces paroles : *Moi je connais le Père. Le Père me glorifie.* Il faut être sourd aux choses d'en bas pour entendre et comprendre cela. *Le Père, tout invisible et illimité qu'il soit pour nous, est connu de son propre Verbe, et, tout inexprimable qu'il soit, est exprimé par lui. Réciproquement, le Verbe n'est connu que du Père seul. Telle est la double vérité que nous fait connaître le Seigneur. Le Fils révèle la connaissance du Père par sa propre manifestation : cette manifestation du Fils, c'est la connaissance du Père, car tout nous est manifesté par l'entremise du Verbe* (saint Irénée, Ier siècle).

Il faut nous laisser surprendre avec l'humilité de notre faiblesse; le récit de la Passion de Matthieu, dimanche prochain, nous rassurera: *Ce qui est faible dans le monde, ce qui est d'origine modeste, méprisé, ce qui n'est rien, voilà ce que Dieu a choisi pour détruire ce qui est quelque chose* (1 Cor 1, 27); *il n'a ni beauté, ni éclat, par ses souffrances, nous sommes guéris.* Aujourd'hui, ne fermons pas nos cœurs, écoutons la voix du Seigneur. AMEN.

Vendredi de la cinquième semaine du Carême
Jean 10, 31-42 : pour laquelle de ses œuvres?

Ne nous contentons pas de relire l'histoire de la Passion. Pour bien l'entendre, il faut qu'elle s'accomplisse en nous. *Hâtons-nous,* dit saint Grégoire, *de* [la] *mettre en pratique et nous nous ouvrirons ainsi à une plus profonde intelligence du Mystère de la Passion.* Cette vieille histoire du Golgotha, et nous le voyons dans ce passage de Jean, c'est l'abîme du mal qui se transforme en abîme de miséricorde. Même entouré de gens hostiles qui veulent savoir, mais qui refusent d'entendre ses réponses, Jésus dégage une grande sérénité. Quand son entourage prend des pierres pour le lapider, il leur montre *ses bonnes œuvres* et leur demande : *pour laquelle voulez-vous me lapider?*

Aucune homélie, aucune réflexion ne peuvent décrire cette relation *entre le Père et moi*, cette unité de volonté qui ouvre sur une grande paix intérieure. À nous qui sommes habitués à contempler ses paroles, à les scruter attentivement pour y découvrir son identité, Jésus, ce matin, insiste sur ses actions. Il nous montre que *ses bonnes œuvres* sont autant révélatrices de son identité que ses paroles. *Vous pouvez refuser de me croire mais croyez les œuvres.* Sa manière d'agir au milieu de tant d'animosité, de haine à son endroit, nous fait atteindre le mystère de sa personne. *Les œuvres que je fais au nom de mon Père, témoignent de moi. Croyez-vous aux œuvres que je fais?*

Contemplatives, contemplatifs, à la veille d'entrer dans cette heure où *il nous faut ne rien savoir d'autre que le Christ crucifié* (1 Cor 2, 2), contemplons-nous assez ces *bonnes œuvres* qui sont finalement le roc de notre foi? Sommes-nous toute écoute à ce qu'il dit ; sommes-nous accueillants à imiter ce qu'il fait? Sommes-nous capables de dégager paix et sérénité, même au milieu des tensions d'une vie communautaire? Il n'est pas suffisant d'être du côté de Dieu, de l'écouter. Il faut agir comme Jésus : rayonner de paix au milieu de nos discordes, malgré les injustices dont, peut-être, nous souffrons. Rappelons-nous ce que dit l'Apocalypse : «*sais tes œuvres, tu n'es ni froid ni bouillant. Que n'es-tu froid ou bouillant! Mais parce que tu es tiède et non froid ou bouillant, je te vomis de ma bouche* (Ap 3 15-16). C'est une chose terrible de tomber dans la tiédeur, de nous contenter d'en lire son histoire.

Vient une semaine sainte, pour contempler nos actions, qui seront toujours une sorte de thérapie de longue durée contre nos fermetures, quand les oppositions nous blessent, quand la paralysie du cœur nous empêche de dégager cette paix profonde, malgré certaines turbulences. Pour mener jusqu'au bout le combat de la paix intérieure, il faut suivre Jésus, ne compter que sur lui. *Ce grand prêtre miséricordieux, accrédité auprès de Dieu* (He 2, 17), nous enseigne que le dépouillement de nous-mêmes est le chemin pour nous habiller de sa paix intérieure.

À votre contemplation : Jésus n'est pas à plaindre, mais à imiter. C'est en agissant comme Jésus, plutôt qu'en versant des larmes sur sa Passion, que nous manifesterons qu'il nous inspire. Nos œuvres consistent à inventer, créer, risquer une manière chrétienne de vivre le saint Évangile. Nos œuvres, dira l'oraison finale tantôt, *c'est d'écarter loin de nous tout ce qui pourrait nous perdre*. C'est de nous unir à la passion du Christ avec les sentiments qui furent les siens. Des jours saints, pour regarder ce *Je suis* élevé de terre. Des jours saints, pour ouvrir *ce livre le plus savant qu'on puisse lire* qu'est la Croix, disait le Curé d'Ars. Des jours saints pour communier à *cette bonne œuvre* dont parle Jean : *Le Christ a pris la mort et l'a attachée à la croix et nous avons été délivrés de la mort* (saint Augustin). Une eucharistie qui annonce, *prévient*, comme l'exprime une hymne du Carême *l'ère nuptiale où l'esprit de Dieu souffle annonçant l'aurore pascale*. AMEN.

TEMPS

DE

PÂQUES

Mardi de l'octave de Pâques
Jean 20, 11-18

Écoutons cette page avec l'innocence d'une première écoute. Il ne s'agit pas d'une page comme les autres; n'écoutons pas ce récit comme celui de la résurrection d'un autre : Jésus. Ne lisons pas cette page comme un événement extérieur, lointain, dont personne ne fut témoin et qui se serait produit au soleil levant. Ce récit, c'est celui de *mon serviteur qui réussira*, disait la première lecture du Vendredi saint. C'est celui du *je m'en vais, mais je reviendrai vers vous* (Jn 14, 28). Ce récit, c'est celui de notre résurrection. C'est une page qui nous ressuscite.

Marie-Madeleine cherchait à retrouver son Jésus. Elle voulait plus voir que croire. Elle cherchait avec ses yeux humains. Elle était encore enfermée dans son monde, même après toutes ces années de fréquentation de Jésus. Elle était tellement sous le choc de l'avoir vu mort, qu'elle n'entendait plus rien. Tellement hystérique (l'expression est de saint Luc), délirante, qu'elle n'arrivait pas à se remémorer que Jésus lui avait annoncé, au moment où elle versait son parfum sur ses pieds, sa mort et sa résurrection. En se faisant reconnaître à cette femme, Marie Madeleine, Jésus l'a ressuscitée. Il lui a redonné souffle et vie. Elle est devenue l'apôtre des apôtres.

Mais en refusant d'être touché, alors qu'il acceptait de l'être avant sa mort, Jésus confirmait à Marie qu'il était entré dans un nouveau mode d'existence. Ne me touche pas, car je ne suis plus de votre monde, de votre chair. Ne te fie plus, dit Jésus, à tes sens trompeurs, crois en ma parole. Ne me touche pas, car *je ne suis pas encore remonté vers mon Père et votre Père. Touche-moi des mains de la foi, du doigt du désir, de l'étreinte de l'amour* (saint Bernard). Désormais, c'est avec l'élan de son cœur et non avec ses mains, c'est par le désir et non par l'œil, par la foi et non par les sens, qu'elle est invitée à toucher son Jésus. Désormais *ce que l'œil n'a pas vu ni l'oreille entendu, ce qui n'est pas monté au cœur de l'homme*, c'est la foi qui nous le fera toucher. Mystère d'un ordre nouveau, d'un touché nouveau.

Saintes femmes aux yeux de Pâques, *voici le jour que le Seigneur a fait, tressaillons d'allégresse et réjouissons-nous en lui!* La joie se lève pour envahir le monde. Mais cette joie fait peur. Matthieu disait, dans la nuit de Pâques, de cesser d'avoir peur. La joie de Pâques n'est pas la joie d'une heure. Elle n'est pas la joie fugitive d'une chaleur, d'un succès, d'une étreinte. La joie de Pâques n'est pas une petite joie, ni même une grande joie provisoire. Elle est immense, infinie, sans retour. Elle est la joie qui *naît des réalités d'en haut*, disait Paul, dimanche matin. La joie nous sort de nos tombeaux de tristesse, d'angoisse, de haine. Elle vient à notre rencontre.

La joie de Pâques efface les ténèbres. Elle ne s'accommode d'aucune ombre, d'aucun mensonge, ni de la tristesse, ni du regret. Elle est envahissante. La joie de Pâques n'est pas aveuglante. C'est cette joie que Jésus demanda à Marie Madeleine d'aller annoncer aux disciples apeurés. C'est cette joie qui nous fait montrer *que nous avons vu le Seigneur*. Cette joie ressuscite, nous ressuscite.

Soyons des *alléluias* des pieds à la tête et, comme l'exprime Augustin, des *alléluias par notre conduite et nos paroles, par nos sentiments et nos discours, par notre langage et notre vie*. Des *alléluias* pour alléger notre fardeau, pour soutenir notre marche en ces temps où Jésus n'est pas connu; pour ne pas nous égarer dans l'acédie, le sommeil.

Marie-Madeleine fut tellement *alléluia*, qu'elle est devenue l'apôtre des apôtres. *Elle est revenue embaumée celle qui s'en était allée embaumer le corps de Jésus* (saint Bernard). Il ajoute : *elle est revenue embaumée par la joyeuse annonce de la résurrection toute neuve et odoriférante*. Qu'ils sont beaux les pieds de ceux qui portent la bonne nouvelle de la joie, la bonne nouvelle du bonheur. Aussi bien maintenant vivre cette eucharistie pascale dans la joie parce que c'est ce que nous vivrons durant toute l'éternité. AMEN.

Jeudi de l'octave de Pâques
Luc 24, 35-48 : le Ressuscité nous apparaît dans l'Eucharistie

Hier, quand Jésus était en Galilée, il n'était pas à Jérusalem. Quand il était en prière, à l'écart, il n'était pas avec la foule. Quand il était dans le temple, on ne le voyait pas dans la ville. Durant sa vie terrestre, Jésus n'était que dans un lieu à la fois. Jésus était vu avec les yeux du corps, touché par des mains intéressées. Il entrait en conversation avec toutes les personnes sur son chemin.

Tout au long de ce grand dimanche, Jésus inaugure, apparitions après apparitions, sa nouvelle relation avec chacun d'entre nous. *Je m'en vais, mais je reviens.* Une lecture attentive des évangiles nous laisse croire que Jésus prend l'initiative de se montrer à ses disciples à plusieurs endroits en même temps : sur la route d'Emmaüs, au Cénacle. La grande nouveauté de Pâques, c'est que Jésus est présent en tout lieu, en tout temps à la fois, en toute circonstance. Il n'est plus lié à un milieu physique et au temps. Il est ici comme à Rome, à l'est comme à l'ouest et *chacun dans sa propre langue peut entendre sa voix*.

Mais ce qui se dégage de la plupart des apparitions de Jésus c'est qu'il unifie ensemble Pâques et Eucharistie. Dans le comportement de Jésus, c'est le même mystère de lumière, le même mystère lumineux. C'est au moment de la fraction du pain que le Ressuscité ressuscite les disciples. C'est à ce moment là qu'ils ont clamé : *nous avons vu le Seigneur*.

Dieu a créé le monde d'une manière admirable mais il l'a recréé d'une manière plus admirable encore, disait l'oraison de la vigile pascale. L'eucharistie est l'aboutissement de ce *plus admirable encore*. Le Dieu créateur se communique dans le Dieu eucharistie. Le Dieu ressuscité se laisse voir aujourd'hui comme hier dans la fraction du pain. Ce lien entre Pâques et Eucharistie est tellement parlant, que la liturgie de la deuxième semaine de Pâques fera lire tout le sixième chapitre de l'évangile de Jean.

Une question : sommes-nous assez conscients qu'en célébrant l'eucharistie ce matin, nous sommes comme les disciples, en présence du Ressuscité? Que le reconnaître, c'est vivre en ressuscités? Sommes-nous conscients que nous vivons, ce matin, une apparition pascale de Jésus. Il ne s'agit pas de *voir un esprit*, il ne s'agit pas de la magie, *avant il n'était pas dans le pain, puis après la consécration il y est;* il s'agit d'une présence réelle réciproque. Réelle, non pas parce que le Christ n'était pas là avant; réelle, parce que c'est nous qui devenons présents à Dieu. Sommes-nous conscients que cet admirable sacrement nous transforme en lui. Le rece-voir, c'est devenir lui. C'est vivre en ressuscités. *Quand nous mangeons Dieu, c'est nous qui sommes mangés par lui* (saint Bernard). Et vivre en ressuscités, c'est nous dépouiller de nos *mois. Jésus nous avale pour que nos mois deviennent le sien* (Tauler).

Louis Lallemant (XVIIe siècle) écrivait, dans sa doctrine spirituelle : *nous voyons par la foi les merveilles de cet admirable sacrement, ce plus grand excès d'amour envers les hommes et, cependant, des bagatelles, des riens nous occupent. Nous en remplissons notre esprit, nous y attachons notre cœur. Une misérable petite attache nous prive d'une merveilleuse présence.*

En terminant, je fais miens les mots de cette belle prière *Adoro te devote. Ô mémorial de la mort du Seigneur, Pain vivant qui donne la vie, donne à mon esprit de vivre de toi et de toujours te savourer doucement.* Cette saveur n'est pas un sentiment, encore moins une sensation. Elle est une évidence de foi que nous clamons, comme les apôtres au matin de Pâques : *oui, nous avons rencontré le Seigneur, il est vraiment ressuscité.* AMEN.

Vendredi de l'octave de Pâques
Jean 21, 1-4 : des yeux du disciple bien-aimé

Il y eut un matin, et Jésus se tint sur le rivage, et ses disciples ne le reconnurent pas. Ils étaient aveuglés par les événements des derniers jours qui ont bouleversés leur vie. Ils étaient secoués, non seulement par les vagues de la mer et par les vents contraires, mais *ils revivaient les ténèbres de l'antique chaos* (saint Pierre Chrysologue). Ils ne voyaient plus rien, ne reconnaissaient plus leur Seigneur, leur Jésus. Ils étaient convaincus que tout était fini.

Saint Jean nous présente, dans ce passage probablement ajouté à son évangile, le récit d'une nuit sans rien prendre, et ensuite une pêche en abondance *à droite de la barque*. Dans ce récit, ce qui attire notre regard contemplatif, c'est moins le geste étonnant de ces hommes du lac à *jeter à nouveau les filets*, ni celui de l'apparition de Jésus qui a faim et qui demande à déjeuner, c'est plutôt la résurrection des disciples. Tous les récits que nous avons entendus cette semaine parlent plus de la résurrection des disciples que des apparitions de Jésus.

Les apôtres reconnaissent *le Seigneur* dans cet inconnu sur le rivage ; nous assistons alors, en final de l'évangile de saint Jean, à une transformation radicale des disciples. Il y eut un matin et Jésus se tint sur le rivage afin que des disciples, sans vigueur dans leur foi, retrouvent l'audace dont parle la lecture des Actes ce matin. C'est toute l'histoire de l'Église, sa mission d'évangélisation à *jeter les filets*, avec ses peines et ses insuccès, ses pesanteurs et ses lenteurs, ses joies et ses enthousiasmes fougueux, que nous présente cette finale de saint Jean.

Contemplatives, contemplatifs, nous aussi, comme les disciples, sommes lents à reconnaître, pour mieux en rendre compte en témoins audacieux, cette grande et sublime vérité que le Seigneur est sur nos rivages, au milieu de nous. Aujourd'hui, comme hier, Jésus a faim de nous. Il nous demande notre peu de poisson. Notre peu de foi.

Nous avons les yeux de Pierre, de Nathanaël, des fils de Zébédée et des deux autres disciples. Nous ne voyons pas, dans l'inconnu, le Seigneur. Ayons ici les yeux perspicaces du disciple bien-aimé, qui a vu le Seigneur et l'a montré à Pierre. Notre vocation est de le montrer au monde, le nôtre. Nous avons cette mission d'aller dans nos *Galilée*, cette mission d'être, parce que nous avons les yeux du disciple bien-aimé (et c'est ça la vie monastique), apôtres des apôtres qui sont dehors. Ayons des yeux qui lèvent le voile qui cache sa présence sur nos chemins; c'est une urgence pascale. *Je suis avec vous tous les jours*. Pour cela, il nous faut *naître des réalités d'en haut* (épître du jour de Pâques). *Que nous reste-il*, demandait Paul VI, *après avoir célébré les fêtes pascales? Un grand souvenir? Il nous reste le baptême qui nous ressuscite chaque jour*.

À votre contemplation : notre monde a besoin de nous voir, malgré les ténèbres et les nuages, en état d'*alléluia*, parce que *nous avons vu le Seigneur*. Il a besoin de nous voir en état d'*alléluia* des pieds à la tête, *par notre conduite et nos paroles, par nos sentiments et nos discours, par notre langage et notre vie*, précise saint Augustin. Il a besoin de nous voir en état d'*alléluia*, comme un chemin pour alléger notre fardeau, soutenir notre marche en ces temps où Jésus n'est pas connu; il faut éviter de nous égarer dans l'acédie, le sommeil. Il a besoin de nous voir en état d'*alléluia*, dans l'adoration comme dans la *grâce du travail*.

Qu'ils sont beaux les pieds de ceux qui dansent sur des rythmes d'*alléluia*, et qui sont des témoins vivants de la bonne nouvelle pascale. Aussi bien maintenant déborder d'*alléluia* tout au long de cette eucharistie pascale parce que c'est ce que nous vivrons durant toute l'éternité. AMEN.

Que nous reste-il

après avoir célébré les fêtes pascales?

Un grand souvenir?

Il nous reste le baptême

qui nous ressuscite chaque jour.

(Paul VI)

Dimanche de la première semaine de Pâques
Jean 20, 19-31

Nous laisser célébrer par Dieu. Cela peut nous étonner, nous combler de joie aussi. Mais ce temps pascal va plus loin que cela. Il nous appelle à nous laisser ressusciter. Nous laisser ressusciter est l'œuvre de l'Esprit de Dieu en nous. Jésus se manifeste pour nous ressusciter. Pour nous empêcher d'être des morts vivants. Pour que nous soyons *plénitude de vie*.

Que ce soit la manifestation, ou la *visitation* de Jésus sur le bord du lac de Tibériade, celle aux disciples *bouleversés* sur la route d'Emmaüs, qui se vident le cœur à un inconnu, celle aux femmes *pleurant devant le tombeau*, étonnées qu'un étranger s'intéresse à elles, celle où Jésus rejoint ses disciples *qui avaient verrouillés les portes*, nous ne le réalisons pas assez, chacune de ces apparitions se termine par la résurrection des disciples. Nous les voyons transformés. Transformés en évangélisateurs. *Dans sa grande miséricorde, il nous a fait renaître grâce à la résurrection de Jésus* (deuxième lecture).

Quels sont les signes qui nous permettent, disciples du XXIe siècle, d'affirmer que nous sommes en mode *tendance* résurrection? Nous avons un début de réponse dans les textes d'aujourd'hui. Le premier signe peut nous étonner : c'est la peur. Nous sommes humains. Ce qui venait de se vivre, la mort de Jésus, plaçait les disciples en mode défensif. Ils étaient en état de crise aiguë. Ils avaient peur de l'avenir. Ils vivaient un grand désenchantement. Tout s'évanouissait. Le paradoxe, il est là : cet état de crise et de peur attirait le regard de compassion de Jésus. Comme si Jésus comprenait la normalité de leur peur.

Ils étaient, note saint Jean, tellement désenchantés, tellement peu exaltés devant Jésus leur montrant *ses mains et son coté*, tellement peu ressuscités, qu'ils n'ont pas réussi à convaincre Thomas. Ce n'était pas facile de croire, alors qu'ils venaient d'être témoins, de loin, de la mort horrible de Jésus. Mais, observe aussi saint Jean, malgré leur désenchantement, leur peur, ils maintiennent de se réunir *le soir du premier jour de la semaine* (Jn 20, 19).

Le second signe que donne Jean pour nous maintenir en mode *tendance* résurrection c'est que, malgré leur peur, leur désenchantement, reconnaître la voix de Jésus leur a fait du bien, leur a donné de l'énergie. Le voir, le contempler de leurs yeux, le toucher de leurs mains leur a procuré la paix intérieure, la sécurité qu'ils recherchaient. Ces signes-là sont incontournables pour nous maintenir en *tendance* résurrection. Sans voir, contempler, toucher, impossible de nous mettre en route pour annoncer, avec le feu de la conviction, que nous l'avons vu. C'est ce que nous dit Thomas. Ce sont des ressuscités qui peuvent annoncer la résurrection. Il fallait d'abord à Thomas de voir, contempler, toucher Jésus avant d'annoncer qu'il est vivant. Il lui fallait ressusciter lui-même, lui qui commençait à douter, à prendre ses distances d'avec les disciples.

Thomas nous montre qu'annoncer la résurrection commence par l'éblouissement d'une vie de contemplation. Il faut être contaminé par ce que nous voyons pour répandre une épidémie de ressuscités. L'histoire de la résurrection est une histoire de contagion. L'évangéliste Jean consacre Polycarpe, qui consacre saint Irénée. Saint Hilaire de Poitiers est le modèle de Martin de Tours. François d'Assise révèle à Claire le chemin pour devenir évangile. Sainte Monique pleure, Augustin se convertit.

Jean de la Croix nous compare aux bûches dans le foyer. Quand les bûches sont en contact avec une autre bûche embrasée, elles s'enflamment. Quand un ressuscité est embrasé par le feu de Dieu, il enflamme tant il est brûlant. Il allume des incendies de ressuscités. Les récits de la résurrection nous font voir des disciples à première vue désorientés, mais qui cachaient en eux tellement d'espérance que voir Jésus les a propulsés dehors, en dehors du Cénacle. L'aventure de ce temps pascal, qui est le temps de l'Église, commence quand des hommes et des femmes ont contemplé, touché le Verbe de vie. Ils deviennent feu divin commu-nicatif.

Le troisième signe qui confirme que nous sommes en mode *tendance* résurrection, c'est que, malgré nos peurs, malgré la risée des autres, malgré une cote de popularité en baisse, nous persistons à vivre ensemble, en communauté, *n'ayant qu'un seul cœur et une seule âme*. La première lecture laisse clairement entendre que le signe par excellence que nous sommes des *ressuscités*, c'est notre capacité de faire Église. *Ils étaient fidèles à écouter [...], à vivre en communion fraternelle, à rompre le pain, à participer aux prières* (Ac 2, 42). La communauté, votre Institut, est ce lieu *kairos* pour toucher Jésus, l'écouter.

A votre contemplation : *Christ est ressuscité, levez-vous, vous aussi* (Grégoire de Nazianze, docteur de l'Église). *Toi qui dors, réveille-toi*, laisse-toi ressusciter. Quelle audace il y a là-dedans! Empressons-nous d'ajouter : Seigneur ne me ressuscite pas une fois pour toutes, mais qu'à chaque instant de ma vie, je me laisse ressusciter. Tantôt, nous ressentirons vivement cette résurrection dans ces premiers engagements de certaines d'entre vous au sein de votre Institut. Pour l'instant, que nos yeux s'ouvrent pour le reconnaître dans ce pain. AMEN.

Vendredi de la deuxième semaine de Pâques
Jean 6, 1,15 : le pain de vie

Avons-nous remarqué la finale de cet évangile? Jésus semble appréhender une réaction tellement vive de la foule, qu'il préfère se retirer (le mot sonne comme s'enfuir) dans la montagne, comme si une catastrophe était attendue. Dès le début de son chapitre six, l'évangéliste Jean annonce que ce geste de compassion de Jésus dans le désert allait tourner contre lui. Jésus ne se contente pas de nourrir une foule. Il se donne en nourriture. *Il a donné sa vie pour ta vie*, dit saint Bernard. Il s'est fait nourriture. *Quel admirable et ineffable amour il a fallu pour inventer cette merveille* (Tauler).

Durant ce grand dimanche, durant ces prochains jours où nous lirons tout le chapitre six de saint Jean, entendons autrement la question que Jésus posait à ses disciples : pour vous, mon eucharistie, qu'est-ce qu'elle est? Qu'est-ce qu'en dit notre intelligence? Notre cœur? La vie de Jésus est eucharistie et l'eucharistie est indissociable de son mystère pascal. L'un et l'autre sont *dons de Dieu par excellence*.

Dieu a créé le monde d'une manière admirable. Il l'a recréé d'une manière plus admirable encore, disait l'oraison de vigile pascale. Ce *admirable encore* se concrétise dans l'eucharistie, ce don de Dieu. Le Dieu créateur se communique dans le Dieu eucharistie. Le Dieu ressuscité, aujourd'hui comme hier, se laisse voir dans la fraction du pain.

Chaque jour, chaque matin, nous pouvons partager la nouveauté radicale de Pâques en *faisant mémoire* de ce geste de Jésus, nous offrant son pain. Pâques, mystère de lumière. Eucharistie, mystère lumineux. L'eucharistie n'est pas un moyen que Dieu a inventé pour que le Ressuscité nous rejoigne, nous habite, nous nourrisse. C'est l'expression même de ce que Jésus ressuscité est en sa personne. C'est l'expression parfaite, concrète de sa présence réelle. *Je m'en vais mais je reviendrai*. Devant ce pain, nous sommes devant le Christ ressuscité.

Questions : en sommes-nous conscients jusqu'à nous laisser transformer en ressuscités? Sommes-nous conscients que nous vivons, ce matin, une apparition pascale de Jésus? Il ne s'agit pas de *voir un esprit*, il ne s'agit pas de la magie (*avant y n'était pas dans le pain, puis après la consécration il y est*). Le Christ n'est pas dans le pain comme une montre dans un écrin (Maurice Zundel). Il s'agit d'une présence réelle réciproque. Réelle, non pas parce que le Christ n'était pas là avant. Réelle parce que cet admirable sacrement nous transforme en lui et que le recevoir nous *ordonne à communier avec le monde* (Zundel). Réelle, parce qu'en mangeant ce pain, nous sommes divinisés.

Nous sommes appelés à être ce soleil radieux qui illumine le monde. Jean disait hier : *celui qui est de la terre est terrestre*. En mangeant ce pain, nous devenons d'en haut. Nous renaissons d'en-haut. *Mange-moi*, dit le Christ à saint Augustin, *et tu ne me changeras pas en toi, mais c'est toi qui seras totalement changé en moi. Jésus nous avale pour que nos «mois» de-viennent le Sien* (Tauler). C'est le seul chemin pour dire Pâques.

À votre contemplation, ces mots de François dans son testament : *je ne vois rien du Fils de Dieu avec mes yeux de chair si ce n'est son corps très saint et son sang*. Notre eucharistie nous plonge dans ce mystère d'un ordre nouveau, d'un nouveau mode de présence. *Touche-moi des mains de la foi, du doigt du désir, de l'étreinte de l'amour* (saint Bernard). Que ce pain nous transforme en *alléluia* des pieds à la tête *par notre conduite et nos paroles, par nos senti-ments et nos discours, par notre langage et notre vie*, comme l'exprime Augustin. AMEN.

Mardi de la troisième semaine de Pâques
Jean 6, 30-35

Donne-moi de ce pain, donne-moi de ton eau pour que je n'aie plus jamais soif; celui qui croit en moi n'aura plus jamais soif. Il y a de quoi là-dedans à nous *boucher les oreilles, à pousser de grands cris* (première lecture) d'incrédulité, tant ces paroles dépassent notre expérience hu-maine. Quand comprendrons-nous que nous venons d'entendre des paroles merveilleuses? *Moi, je suis le pain de la vie. Vous qui avez soif, allez à la fontaine*, disait le Prophète Isaïe (Is 55, 1). Peut-il y avoir plus merveilleux que cela? Quand comprendrons-nous, qu'au-delà de ce que nous disons sur l'eucharistie, il y a ce que nous sommes? Si tu as soif, va boire à la fontaine de vie. Si tu as faim, mange le pain de vie.

Tous les jours, comme les disciples d'Emmaüs, nous parlons beaucoup de Jésus dans no-tre quotidien, sur nos routes bouleversées, mais croyons-nous en acte aux événements des der-niers jours? Quand comprendrons-nous que ce pain *que le Père nous donne*, est une présen-ce nourrissante, transformante, toujours actuelle, qui nous réchauffe le cœur et hors de laquelle nous saurons toujours insatisfaits? *Ce ne sont pas ceux qui écoutent la loi qui sont justes devant Dieu, mais ceux qui mettent la loi en pratique* (Rm 2, 3). Ce n'est pas parce que nous mangeons ce pain que nous sommes en communion avec le Pain. Devenons des *personnes eucharistiques*!

Jésus, fils de la terre et fils de Dieu, pour abolir la faim infinie de nos *mois possessifs*, nous offre de nous nourrir à une présence qui nous décolle de nous-mêmes, une présence qui est à l'image d'un Dieu qui s'est vidé de lui-même. Nous ne sommes pas sauvés par des paro-les, furent-elles de Dieu, mais par une présence. *Celui qui mange de ce pain éternellement* peut devenir une présence qui est autre chose que de la *matérialité* qui est don.

Ce pain qui rassasie, c'est ce *décollement* (Zundel), cet arrachement de nous-mêmes pour coller nos comportements à ceux de la divinité. Nous pouvons bien avoir une pratique eu-charistique, nous pouvons bien manger ce pain, sans pour autant expérimenter qu'il est une présence. Une présence qui nous pousse à communier (communier, c'est disparaître) à la Trinité, à notre monde aussi. Ce pain dit une manière d'être à nous-mêmes, une manière d'entrer en relation avec nous-mêmes. Ce pain devient réellement communion à Jésus quand nous entrons nous-mêmes dans le mouvement de celui qui se fait nourriture, mouvement qui abolit l'infinie distance entre nos *mois* possessifs et ce *moi* oblatif qu'il signifie.

Ce pain, l'eucharistie, n'est pas quelque chose à manger. C'est une présence à vivre. Nous avons un exemple de cette présence à vivre, de ce quelqu'un à être dans la première lecture des Actes des apôtres. Etienne était tellement habité par l'Esprit de Dieu, tellement contemplatif du Fils de l'homme assis à la droite du Père, qu'il ne voyait plus ses souffrances. Il était habité par une vie dont le *moi possessif* faisait place à un *moi oblatif*. Il ne vivait plus. C'est Dieu qui vivait en lui. Manger ce pain, c'est ne plus avoir faim de nous-mêmes.

À votre contemplation : en mangeant ce pain, nous professons de devenir visage de Dieu; de ce Dieu qui s'est vidé de lui-même, qui est pur don. Un Dieu, dirait Zundel, *décollé* de lui-même. Dieu a une faim immense de nous transformer en lui. Une eucharistie pour nourrir cette faim immense, insatiable de Dieu à nous voir à sa table. Une eucharistie pour trouver ce Jésus, non au dehors, mais au-dedans de nous. AMEN.

Jeudi de la troisième semaine de Pâques
Jean 6, 44-51 : je suis le pain de vie

Je fais miens les mots que Philippe adressait au fonctionnaire éthiopien (première lecture) : *Comprends-tu vraiment ce que tu lis?* Et j'entends aujourd'hui encore sa réponse : *Comment pourrais-je comprendre s'il n'y a personne pour me guider?* Comment comprendre que nous pouvons entrer plus profondément dans ce mystère d'un *Dieu nourriture?* Et Philippe, poussé par l'ange de Dieu, *instruit par Dieu lui-même* (évangile), lui annonça la bonne nouvelle de Jésus.

Et ce matin, la bonne nouvelle qui éclate au cœur de ce récit de saint Jean, la voici : chacun de nous ne pourrait pas être ici, à cette table, à moins que *le Père ne l'attire vers moi*. Dieu nous fait grâce de nous attirer vers lui. Qui cherchons-nous en répondant à l'appel du Père? Qui cherchons-nous en venant à cette eucharistie? Qui est le Christ que nous cherchons? Cette question trouve sa réponse dans les paroles de Jésus lui-même : *vous me cherchiez parce que vous avez mangé du pain et que vous êtes rassasiés* (Jn 6, 27).

Poussé par l'Esprit de Dieu, je vous offre cette folle réponse, de l'ordre du déraisonnable : *Celui que vous cherchez est ressuscité. Celui que vous cherchez est sur vos chemins, pain de vie*. Le Christ que nous cherchons n'est plus celui du Vendredi saint, c'est le Vivant du matin de Pâques. C'est le Vivant dans la gloire du Père et la communion de l'Esprit saint. Il est *le pain vivant descendu du ciel. Celui qui mange ce pain*, qui est, dans les très beaux mots de saint Augustin, *l'éternelle poésie du Père*, devient, à son tour, *grain de blé jeté en terre* (Jn 12, 23).

Saint Paul a écrit que nous vivons mal nos vies, que nous vivons à rabais nos vies, que nous nous entretuons, quand nous nourrissons *l'amertume, la colère, éclats de voix ou insultes ainsi que toute espèce de méchanceté.* Pour bien vivre nos vies, un chemin nous est proposé : regarder en profondeur *le pain descendu du ciel*. Regarder en profondeur, pour saisir que ce pain est tellement source de vie que ceux qui s'en approchent dans la foi, sont délivrés de la mort spirituelle : *Celui qui en mange ne mourra pas*. Des paroles déraisonnables.

Pour apprécier une œuvre d'art, il faut plusieurs coups d'œil. Pour goûter ce pain, il faut devenir des *experts en contemplation de l'eucharistie* (Jean-Paul II, 12 avril 2004). Il faut éduquer notre regard à *manger des yeux* la beauté de ce pain, pour mieux en apprécier la saveur. Il faut longuement regarder, pour contempler, pour manger, pour goûter, en sachant que nous ne serons jamais pleinement rassasiés de ce que nous mangeons et voyons. *Si Dieu pouvait nous rassasier, il ne serait plus Dieu* (Maître Eckhart). Une œuvre d'art qui nous rassasie n'est plus une œuvre d'art.

Ce pain a le goût de notre *expertise* à le savourer. *Chacun goûte en lui une saveur différente* (Baudouin de Ford). Il n'a pas la même saveur pour un jeune et un plus âgé, pour un moine ou moniale et pour un chrétien engagé dans sa foi, pour un politicien et un catéchète, pour un riche et un pauvre. Plus notre foi est grande, plus nous le goûtons avec ampleur sans jamais pouvoir *exprimer tous les délices de ce sacrement* (saint Thomas d'Aquin). *Nous qui avons été chassés du paradis à cause de la nourriture, c'est par une autre nourriture que nous retrouvons les joies du paradis* (saint Damien). *Si nous ne voyons en Jésus que le Fils de Joseph*, nous aussi trouverons cette parole irrecevable.

En communicant à ce pain, *nous sommes entraînés dans l'acte d'offrande du Christ* (Benoît XVI), entraînés à mener une vie-offrande au Père pour sa gloire. Je termine par cette question que posait Jean-Paul II dans son encyclique sur l'eucharistie : *qu'est-ce que Jésus pouvait bien faire de plus pour nous?* Élisabeth de la Trinité clame: *rien ne dit plus l'amour du cœur de Dieu que l'Eucharistie*. Pour ce pain de vie qui nous transforme par grâce, en forme de Dieu, *peuple, bénissez notre Dieu. Faites retentir sa louange, car il rend la vie à notre âme. Venez et voyez les hauts faits du Seigneur* (Ps 65). AMEN.

Devenir

expert en contemplation

de

l'eucharistie

(Jean-Paul II, 12 avril 2004)

Vendredi de la troisième semaine de Pâques
Jean 6, 52-59 : des paroles inimaginables

Pour ouvrir son évangile, Jean pose un verdict étonnant : *il est venu chez les siens et les siens ne l'ont pas reçu* (Jn 1, 11). Il nous présente un Jésus venu donner la vie, donner vie à la vie. Pourtant, la vie qu'était Jésus, la vie qui s'exprimait avec les mots et les images de son temps, n'a pas été reconnue.

Que ce soit au noces de Cana où Jésus a donné un second souffle à une fête qui n'avait plus de vin, que ce soit lors de son entretien et de son appel à Nicodème à renaître *des choses d'en haut*, que ce soit lors de cette rencontre au puits de Jacob qui a tellement redonné espoir à la Samaritaine *de ne plus venir ici puiser de l'eau*, Jean nous place devant un choix : accepter que sa présence apporte la joie de la fête, accepter de renaître, de ne plus avoir soif. Accepter de croire ou ne de pas croire. Partir ou rester.

À nouveau ce matin, Jean nous place devant un choix : croire ou ne pas croire en ce pain : *Celui qui me mange vivra*. Ce sont des paroles merveilleuses qui ouvrent sur une personne. Pour Jean, la vie, c'est quelqu'un. *Je suis la vie* (Jn 14, 6). Sans manger de ce pain (Jn 6, 53), nous risquons d'être des morts vivants. C'est plus que l'acte matériel de manger du pain. C'est beaucoup plus que d'acquérir un supplément de vitamines.

Dans la première lecture, Paul ne manquait pas de vitamines. Alors qu'il était sur la route de Damas, poussé par une vitalité religieuse, une rage de mettre la main sur les chrétiens, lui qui venait de voir le courage et la foi d'Étienne, réalise brusquement qu'il n'avait pas la vie en lui. Paradoxe, c'est lorsqu'il s'est dessaisi de sa vie, à la manière de Jésus, lorsqu'il a demandé : *qui es-tu Seigneur?* et qu'il a clamé : *ce n'est plus moi qui vis mais le Christ en moi* (Ga 2, 19), c'est alors que la vie s'est emparée de lui.

Nous sommes vivants corporellement, psychiquement, au plus intime de notre cœur. Mais Jean nous révèle que nous ne sommes vraiment vivants que dans la mesure où nous vivons de Jésus, dans la mesure où nous mangeons ce pain, que nous entrons en communion avec ce pain. Que nous devenons des *personnes eucharistiques*. Oui, nous pouvons nous aussi idolâtrer ce pain en le matérialisant.

Ce pain, que chacun goûte selon la profondeur de sa foi, nous permet de contempler le visage de notre Dieu. Un Dieu qui nous montre toute sa fragilité, qui accepte de *disparaître* en dedans de nous, de devenir nous, comme chemin pour nous faire vivre. Saint Jean Chrysostome écrit : *comme la première chair, tirée de la terre, était morte par le péché,* [Jésus] *y a introduit un autre ferment, sa chair à lui, de même nature que la nôtre mais [...] pleine de vie.* Ce pain devient *communion* quand nous entrons dans ce mouvement de *décollement* (Zundel) de nous-mêmes, ce mouvement d'arrachement difficile de nos volontés, pour faire *la volonté de celui qui m'a envoyé*. Ce sont là des mots mystères, à découvrir chaque jour. Il y aura toujours une infinie distance entre ce que nous clamons, chantons, désirons et ce que nous sommes. Même ici, ce *moi* possessif écrase le *moi* oblatif de nos vies.

Pour goûter ce pain, il faut devenir des *experts en contemplation eucharistique* (Jean-Paul II, 12 avril 2004), il faut éduquer notre regard à *le regarder*. Il faut porter sur ce pain un regard nourrissant; c'est la vocation que Madame Claire vous a léguée. N'est-ce pas votre plus vif désir que de *faire la volonté de celui qui m'a envoyé*.

À votre contemplation : laissons ce pain introduire en nous la vie *que tu possèdes en plénitude* (quatrième préface de Pâques), cette vie qui est communion à celle du Père, du Fils et de l'Esprit. AMEN.

Mardi de la quatrième semaine de Pâques
Jean 10, 22-30 : il faut sortir de nos *enclos* pour entrer dans le sien

Mes brebis écoutent ma voix. Si nous écoutons avec les oreilles du cœur cette page de Jean, qui lentement tourne maintenant nos regards vers la Pentecôte, nous percevons très bien que nous sommes en présence d'une voix qui laisse entrevoir une stature inégalée d'homme. Nous sommes en présence d'une *voix-monument* (d'ailleurs, c'est ce passage de Jean que l'Église utilise pour la fête de la Dédicace) qui ne s'impose pas. Benoît XVI, dans l'homélie inaugurant son pontificat, exprimait bien cela quand il disait : *Combien de fois désirerions-nous que [cette voix de] Dieu se montre plus fort! Qu'il frappe durement, qu'il terrasse le mal et qu'il crée un monde meilleur?*

Avec les années et la sagesse de l'âge, nous réalisons que ce monument, cette voix que *l'Esprit nous fera comprendre quand il viendra*, que cette voix, plus elle est dépourvue de puissance, plus nous tombons en amour avec elle. Cette voix nous respecte, ne nous bouscule pas. Elle montre une *porte* qui ouvre sur une vie de grande beauté. Ces mots de saint Jean sont une invitation à nous laisser transporter, transpercer (pourquoi pas jusqu'à l'extase?) par cette certitude que cette voix ne désire aucunement nous *tondre*, mais plutôt à nous *remplumer*. Oui, cette voix est la confirmation de la toute-puissance de notre Dieu. Un Dieu qui s'imposerait, ne serait plus Dieu.

Mais pour entendre le secret de cette voix, en pénétrer son mystère, en investir toute sa gloire, il faut aller au-delà des mots, au-delà, dirait Zundel, de la *matérialité* des mots. Il faut aller au-delà du silence extérieur, pour être silence. Cette voix, c'est quelqu'un qui nous connaît: *Moi, je vous connais.* Ce qui signifie, chez Jean, *moi je vous aime.* Pour entendre cette voix, il faut des oreilles *décollées* de nos assourdissants bruits intérieurs, de nos pesanteurs, de nos inquiétudes. Il faut des oreilles expertes pour entendre la beauté d'une *musique silencieuse*, qui nous fut offerte samedi dernier.

Cette voix (nous l'avons entendue dimanche dernier et nous lisons aujourd'hui la suite du texte) est celle du bon pasteur. Notre vocation, spécialement en cette saison de l'automne de nos vies, est de nous laisser conquérir au quotidien par cette voix, par cette porte qui ouvre sur une vie éternelle. Notre labeur quotidien est d'avoir assez de respect devant *les œuvres que je fais au nom de mon Père* pour ne pas traiter cette voix comme du déjà entendu, comme quelque chose d'extérieur à nous.

Cette voix n'est pas un bruit extérieur qui nous viendrait d'un lointain ciel inaccessible, elle émerge du plus profond de nous-mêmes. *Elle est proche de toi, dans ta bouche et dans ton cœur*. Il faut donner beaucoup d'attention à cette voix pour qu'elle nous transforme en un fruit juteux. Il faut avoir assez de délicatesse pour ne pas en violer son mystère, assez de confiance pour attendre l'heure de la moisson éternelle qu'elle nous promet, si nous l'écoutons. Chaque fois que cette voix est écoutée, c'est l'humain que nous sommes qui s'épanouit, se révèle et exulte de joie.

À votre contemplation : ce qui est le plus admirable encore, cette voix connaît le Père et le Père la connaît. Cette voix a donné sa vie au Père et le Père lui a redonné. Cette voix est la vie véritable, qui est celle du Père et du Fils, et que le Fils a pour mission de nous faire entendre, de nous communiquer. Cette voix nous donne d'expérimenter une vie radicalement nouvelle entre nous. Cette voix est la *porte* qui nous permet d'accéder, non par nous mêmes, mais par don, par grâce, à la vie véritable, à la présence du Dieu Père, dans la force de l'Esprit. Cette voix nous élève, si nous l'écoutons, à vivre notre vie en communauté comme une *ordination* à une vie de toute beauté. Elle nous dit que mon *moi est un Autre*. Mais, ajoute saint Jean, si nous vivons de cette voix, *le monde ne peut pas nous connaître puisqu'il n'a pas découvert Dieu*. AMEN.

Jeudi de la quatrième semaine de Pâques
Jean 13, 16-20 : le service par en bas

Nous avons accueilli et écouté, la semaine dernière, le chapitre six de Jean sur la multiplication des pains. Sa conclusion débordait de clarté : Jésus est Pain descendu du Ciel. Ce chapitre nous disait que l'eucharistie est comme mémoire du *salut par en haut*. Ce matin, Jean ajoute à ce *salut par en haut*, celui du *salut par en bas* qu'est l'abaissement de Jésus, son agenouillement, en se faisant serviteur. En se mettant, comme une esclave, à notre service. Quel geste fou pour un Dieu?

Si vous savez cela, heureux êtes-vous, vient de nous dire Jean. Savoir que Dieu est service. Savoir qu'il n'est tellement que service, qu'il tombe en extase devant l'humain. Ce *salut par en bas*, son agenouillement, (et c'est l'inconcevable mystère de ce *JE SUIS*) Jésus l'a offert à *celui qui partageait mon pain* [et] *a voulu me faire tomber*. Par ce geste, Jésus nous a appris que nous étions *le sanctuaire de Dieu*. Jésus s'est agenouillé pour nous laver les pieds, pour nous apprendre que le sanctuaire de Dieu, c'est l'homme. L'union avec Dieu ne peut se réaliser sans notre union avec l'homm. (Maurice Zundel, *Un autre regard sur l'eucharistie*, p. 97). *Ce que vous avez fait au petit, c'est à moi que vous l'avez fait* (Mt). *Heureux êtes-vous, si vous savez cela, mais Jean s'empresse d'ajouter, pourvu que vous le mettiez en pratique*. Il s'agit chez Jean, des dernières recommandations de Jésus. Nous sommes, non devant un langage diplomatique, mais bien devant un langage testamentaire.

Ce geste de Jésus, se faire service, geste qu'il a poussé à l'extrême dans le lavement des pieds, n'est pas une attitude de diminution, mais une attitude respectueuse de l'autre. Servir est de la nature de Dieu. Jean ajoute : *le messager n'est pas plus grand que son maître*. C'est un appel à la transformation radicale de nos manières d'agir; un appel à nous donner un comportement mystique, qui prouve notre respect de la grandeur de l'autre. Ce geste de Jésus est son chant du *Magnificat* qui nous relève.

Cette page de Jean se réalise aujourd'hui, ici. Que de gestes du *salut par en bas* vous posez entre vous! Ce sont de petits gestes anodins qui révèlent en acte vos *saintetés*. Vous êtes *mutuellement* (le mot se retrouve autant dans l'Ancien que dans le Nouveau Testament) l'une pour l'autre des *envoyées* de Dieu. Votre vie communautaire est une ordination au service de l'autre. Que serait communier au *salut par en haut* sans faire nôtre cette communion au *salut par en bas*! La pratique de cette page, du *salut par en bas*, nous rend heureux. *Recevoir celui que j'envoie, c'est me recevoir moi-même; me recevoir, c'est recevoir celui qui m'envoie*.

À votre contemplation : ce *salut par en bas*, *voilà le mystère de Dieu* (1 Cor 2, 1). *Ce qu'il y a de fou dans le monde, voilà ce que Dieu a choisi pour confondre les sages; ce qu'il y a de faible, voilà ce que Dieu a choisi pour confondre ce qui est fort* (1 Cor 1, 25). Cette page de Jean est l'institution, la consécration du *secours mutuel*, du *secours catholique* (Jean Eudes) comme chemin de communion à Dieu. Le document final du synode sur l'eucharistie déclarait : *Ne nous faisons pas d'illusion, c'est dans le service mutuel et, en particulier, à la sollicitude que nous manifesterons à ceux qui sont dans le besoin que nous serons reconnus comme de véritables disciples du Christ* (Jn 13, 35).

Nos paroles, nos eucharisties risquent d'être du déjà entendu. Nos gestes ne seront jamais du déjà vu. La manière de vivre l'eucharistie (*par en bas*) demeure le plus puissant langage pour dire Jésus. Pour être crédibles, nous devons accepter de n'avoir plus rien à dire (tout a été dit) sinon de dire en acte que nous sommes *communauté*, tous fils et filles du Père. Que cette eucharistie alimente en nous notre extase du service mutuel. AMEN.

Mardi de la cinquième semaine de Pâques
Jean 14, 27-31a : ne soyez pas bouleversés

À *l'heure où Jésus passait de ce monde à son Père*, il a laissé cette parole rassurante : *Ne soyez donc pas bouleversés : je pars, je reviendrai.* Si nous avons bien écouté cet évangile, nous sommes en présence d'un faux départ. Jésus se fait muet, mais ne se fait pas sourd. Il est plus silencieux, mais il n'est pas absent. Il se fait moins visible, mais il demeure aussi présent qu'hier. *Je vous dis ces choses pour que lorsqu'elles arriveront, vous croirez.*

Le bouleversement naît quand un regard extérieur est porté sur Jésus. Les disciples étaient avec Jésus, ils vivaient avec lui. Ils ne se sont pas rendu compte qu'ils vivaient tout ce temps-là en compagnie du Fils de Dieu lui-même. Quel dommage, sommes-nous tentés de penser, d'avoir vécu tant d'années sans se rendre compte d'une si grande merveille!

Ce qui se passait hier (des disciples non conscients d'être en présence de Dieu lui-même), c'est aussi notre manière de vivre. Nous vivons beaucoup d'heures en sa présence, nous côtoyons tous les jours Jésus d'une présence encore plus merveilleuse lorsqu'il se laisse contempler dans l'eucharistie; mais nous aussi, nous voyons ce Jésus comme quelqu'un d'extérieur à nous. Oui, il est bien là dans l'eucharistie, comme hier il était présent à ses disciples. Oui, nous voulons bien croire qu'il marche avec nous sur nos routes, comme hier il expliquait *qu'il faut que le monde sache que j'aime le Père et que je fais tout ce que mon Père m'a commandé.* Mais Jésus demeure extérieur à nous.

Posons une question : sommes-nous conscients que ce Jésus que nous contemplons est le Fils du Père, qu'il est le chemin vers le Père? Sommes-nous conscients que nous avons la grâce, à travers la foi, de toucher Dieu lui même de nos mains et de nous nourrir avec son corps? Sommes-nous conscients que Jésus nous est réellement présent et qu'il nous redit aujourd'hui : *celui qui m'a vu a vu le Père; croyez ce que je vous dis : je suis dans le Père et le Père est en moi?*

Le trouble du cœur naît de la tentation de vivre avec un Jésus extérieur à nous. L'antidote à la peur d'entendre Jésus nous annoncer son absence, et dans ces heures de grandes perturbations où nous nous demandons où est Jésus, c'est la foi qui nous fait résolument reconnaître que Jésus peut bien nous quitter physiquement, mais qu'il demeure toujours présent, *plus présent à nous-mêmes que nous-mêmes.* L'antidote à nos inquiétudes qui sont bien réelles (perte d'autonomie, vieillissement, perte d'énergie) se trouve dans notre demeu-rance en Dieu et Dieu en nous.

C'est ce mystère de la double demeure, demeure en Dieu et demeure en nous, qui a fasciné Élisabeth sur son chemin si court; elle qui disait à Dieu Trinité : *Pacifiez mon âme, faites-en votre ciel, votre demeure aimée et le lieu de votre repos [...]. Ensevelissez-vous en moi, pour que je m'ensevelisse en vous, en attendant d'aller contempler en votre lumière l'abîme de vos grandeurs.*

À votre contemplation : *si vous m'aimez, mon Père et moi viendront demeurer chez vous.* Quelle joie d'être à la fois hôte et demeure de Dieu! Quelle merveille que de nous savoir habitation de Dieu! *Celui qui mange mon pain demeure en moi et moi en lui* (Jn 6, 56). Hier, dans la lecture, Paul était tellement habité par Dieu, qu'il a dit à un infirme : *Lève-toi, tiens-toi sur tes pieds.* Cette force est en nous, quand nous devenons son corps et son sang, parce que l'eucharistie *oblige* Dieu, selon le mot de Ruysbroeck, à habiter en nous. Que pouvons-nous désirer de plus? *Nous ne recevons pas une partie de Jésus mais lui-même, non pas un rayon de lumière, mais le soleil au point de ne former qu'un seul corps avec lui* (saint Cabasilas, théologien grec et laïc, 1320,). Devenons son âme, son corps, son sang. Oui *notre être mortel est absorbé par la vie* (2 Co 5, 4). AMEN.

Jeudi de la cinquième semaine de Pâques
Jean 15, 9-11 : demeurez dans mon amour

Hier, Jésus disait qu'il fallait être greffé sur lui pour porter fruit. Aujourd'hui, Jésus nous dévoile en quoi consiste cette sève que nous recevons de lui. Si nous restons greffés sur la vigne, nous recevons sa vie, nous sommes revêtus d'une force de vie qu'est son amour. Jésus nous invite à trouver notre demeure dans son amour; à élire domicile en ce qui fait l'intimité de vie et de relation entre lui et son Père. Dit autrement, nous sommes invités à demeurer dans la Trinité. *La Trinité, voilà notre demeure, notre chez nous, la maison paternelle d'où nous ne devons jamais sortir* (Élisabeth de la Trinité).

Jésus ne demande pas que nous lui apportions notre amour. Que pouvons-nous apporter à Dieu, nous qui sommes tellement dépourvus dans le domaine de l'amour? Quand Jean, dans sa première lettre, dit que *ce n'est pas nous qui avons aimé Dieu, c'est lui qui nous a aimé le premier*, il ne fait que redire ce qu'il avait entendu de Jésus lui-même : *ce n'est pas vous qui m'avait choisi, c'est moi qui vous ai choisis [...]. Comme le père m'a aimé, moi aussi je vous ai aimés. Demeurez dans mon amour.*

Cette page nous décrit la grande aventure de Dieu qui, en Jésus, a pris les devants pour venir à notre rencontre. Il a quitté une demeure de gloire pour habiter à nos cotés, partager nos peines, partager notre mort. Tout cela pour nous offrir l'incomparable grâce de *demeurer dans son amour*. Ce qui fait dire à saint Jean, dans son épître : *voici comment Dieu a manifesté son amour parmi nous : Dieu a envoyé son Fils unique dans le monde.*

Un jour du temps, Dieu est venu à notre rencontre, presque malgré nous. Il est venu nous envelopper, nous border, comme la mère borde le lit de son enfant le soir, de son amour, mais sans jamais nous forcer à demeurer chez lui. Ce qui est en notre pouvoir pour accéder à cette joie de demeurer en Dieu, c'est la fidélité à ses commandements. Ce qui est en notre pouvoir, c'est de découvrir, qu'au fond de nos cœurs, il y a une sève d'amour, Jésus, qui demande à prendre possession de nos vies. Il s'agit de laisser cette sève couler en nous. Pascal, dans une de ses *Pensées*, disait avoir découvert que tout notre malheur vient d'une seule chose : ne pas savoir demeurer en Dieu.

Demeurer dans cet amour ne peut se réaliser que dans une sortie douloureuse de nous-mêmes. Que dans une désappropriation de nous-mêmes. Pour demeurer en Dieu, il faut cesser de se gargariser de nous-mêmes, nous déposséder. Pour réussir cela, nous n'avons qu'à admirer, contempler l'amour désintéressé du Père, qui se vide de lui-même pour tout remettre à son Fils, qui ne s'appartient plus, parce qu'il ne cherche qu'à faire la volonté de son Père. Cet amour est à l'origine du monde et, aujourd'hui encore, continue de nous saisir.

Saintes femmes, vous voulez savoir si vous demeurez en Dieu? Saint Augustin répond : *tu demeures en Dieu quand tu vois la charité briller dans ta vie*. C'est en sachant vivre ensemble, tous en frères, c'est en sachant, dans cette vie communautaire, n'avoir qu'un seul cœur et qu'une seule âme, que vous vous confirmerez mutuellement que vous demeurez chez Dieu. Plus grande sera notre joie de vivre ensemble, de bien vivre ensemble, plus nous éprouverons la joie d'être chez Dieu. Être entre vous, une communauté *trinitaire* dont chacune ne se possède plus, dont chacune se vide d'elle-même pour tout offrir à l'autre, c'est demeurer fidèles aux commandements dont parlait Jean. Cette fidélité est la porte qui rend semblable au Fils; la clé de cette porte, c'est l'Esprit qui ouvre sur la maison du Père. *Je vous ai dit cela pour que ma joie soit en vous, et que cette joie soit à son comble*. AMEN.

Vendredi de la cinquième semaine de Pâques
Marc 16, 15-20

La dernière image que saint Marc nous a laissée est celle de Jésus assis à la droite du Père, partageant le trône de Dieu; de Jésus assis dans la paix, ayant achevé l'œuvre du Père, de Jésus parlant d'égal à égal au Père et qui dans ce dialogue Père-Fils, intercède pour nous. Cette image mène à l'accomplissement de la bonne nouvelle apportée par Jésus.

Cette image nous présente un Jésus maintenant *en haut*, mais demeurant *en bas* dans la personne des envoyés. Un Jésus muet, mais non pas sourd, absent, mais non silencieux, non visible mais toujours présence réelle (le texte dit *travaillant*) à nos cotés.

Quelle image merveilleuse à proclamer! Quelle image qui nous transforme en disciple! Cette image ramasse non seulement tout l'évangile de Marc, mais elle photographie l'homme qu'il a été. Toute sa vie, d'abord comme disciple et interprète de Pierre (1 P 5, 13) et jusqu'en

Alexandrie, puis comme Évangéliste, Marc n'a cessé de nous montrer (parce que fasciné par la manière de vivre de Pierre et de Paul, par leur message) que, depuis le *commencement de la bonne nouvelle,* existe, si *nous sommes vigilants, savons résister avec la force de la foi* (première lecture), un avenir à notre avenir.

Cette image, comme cette fête de l'évangéliste, est porteuse d'espérance et de sérénité.

Ce qui est beau dans la vie de Marc, c'est qu'il est né à la foi en côtoyant, comme disciple, Pierre et Paul. Marc est né à l'audace après avoir rencontré, en Pierre et Paul, des hommes pleins de fougue que rien n'arrête. *L'histoire de Marc,* écrit le cardinal Newman, *offre un cas de changement encore plus rare* [il venait de parler du changement observé chez Moïse]*: le passage de la timidité à une assurance définitive.* Il ajoute : *Admirons donc chez saint Marc une transformation si étonnante : «par la foi, le faible a reçu le don de force»* (He 11, 34).

Ce qui est beau dans ce premier évangile, c'est qu'en nous offrant en finale cette image, Marc montre et déclare que ce qui est arrivé à Jésus, élevé jusqu'au Père, est également ce qui nous attend, aussi étrange que cela puisse paraître. Notre avenir est comparable à celui de Jésus. Oui, une image plus parlante que tous nos beaux discours sur notre avenir de foi ! Pour rendre possible cet avenir, nous sommes assurés, aujourd'hui comme hier, d'être fouettés par l'Esprit de Dieu, cet esprit dont parlent les textes des dernières semaines de ce grand dimanche, et qui demeure une présence agissante et transformante.

Contemplatives, contemplatifs, cette image de la beauté de notre avenir, rien désormais ne peut nous empêcher de la diffuser pour qu'elle soit contemplée par notre monde. Rien, ni les inquiétudes, ni les critiques, ni la *honte,* comme l'exprimait Benoît XVI, devant des comportements inacceptables, ni les menaces sur l'avenir, ni les statistiques et sondages d'opinion, ni nos chutes et nos propres misères, rien ne peut nous empêcher de la faire connaître, tant elle rejoint les aspirations les plus profondes de notre monde. Nous sommes faits pour nous asseoir à la droite du Père.

À votre contemplation : hier, au terme de son évangile, Marc nous offrait une image de notre avenir. Aujourd'hui, dans l'attente de faire nôtre cette image de nous voir assis près du Père, échangeant avec lui, une eucharistie qui nous permet, par anticipation, de goûter déjà au délice de cette table avec le Père, le Fils et l'Esprit. AMEN.

Mardi de la sixième semaine de Pâques
Jean 16, 5-11; Catherine de Sienne : une merveilleuse présence

Cette page donne *à penser*. Elle nous invite à penser ce qui peut nous arriver, ce que nous pouvons perdre si nous ne recevions pas l'Esprit saint. Sans cet Esprit, nous développerions des signes de maladie : perte de confiance, perte de certitude, faible conscience ou connaissance de soi. Nous serions laissés à nous-mêmes, n'aurions plus de *défenseur* contre nous-mêmes. Bref, nous vivrions mal nos vies.

Devenir chrétien, ce n'est pas adhérer à une doctrine, encore moins prétendre tout savoir et faire la leçon aux autres. Devenir chrétien, c'est réaliser dans nos vies, le mystère pascal. C'est parvenir à cette pleine communion à un Dieu Trinité en vivant, entre nous, une authentique vie fraternelle. *C'est à cela que tous connaîtront que vous êtes mes disciples, si vous vous aimez les uns les autres*!

Par sa Pâques, Jésus ouvre, pour nous, un avenir de salut. Par son fameux *il est bon que je m'en aille*, Jésus nous offre une autre présence qui va être plus pénétrante que sa simple présence physique. Plus efficace aussi puisqu'elle nous fera voir le Père en lui.

Ce qui a fait dire à Maurice Zundel que la vie de Jésus fut un échec complet. Échec, parce que nous n'avons pas reconnu en lui une présence, une personne, le fils de Dieu. Échec, parce que nous n'avons pas perçé que son humanité (Jésus fut le seul humain à ne pas vivre à coté de l'humain!) cachait sa divinité, qu'il était un *envoyé* pour nous montrer le Père. Pour nous montrer qui il est, Jésus nous a promis que quelqu'un de *merveilleux* viendrait nous faire voir que son humanité cachait une présence, une personne divine. *Quand il viendra, il rendra témoignage en ma faveur* (Jn 15, 27).

Question : sommes-nous sensibles à cette nouvelle présence, à ce *Dieu inconnu*? Avons-nous su développer une haute sensibilité non émotionnelle, mais de foi, à cette présence *qui nous accorde à Dieu* (saint Irénée), qui nous unit à Dieu, nous pousse à rendre témoignage, même quand nous avons à affronter, comme personne et comme société, toutes sortes de perturbations? Dans la première lecture, nous admirons la force de cet Esprit qui va jusqu'à déchaîner, dans les deux sens du terme, Paul pour qu'il poursuivre son travail d'annoncer Jésus. *Il vous donnera un défenseur qui sera pour toujours avec vous.*

Ce qui nous est promis, ce n'est pas rien, c'est le même Esprit qui a rendu la vie à Jésus au matin de Pâques et qui, maintenant, nous pousse à mener une vie de ressuscités, à devenir des *créatures nouvelles*. Pâques nous ressuscite. L'Esprit nous saisit dans nos profondeurs pour actualiser notre résurrection. Il vient à notre *défense*.

Ne nous contentons pas de lire, cette semaine, cette merveilleuse présence que Jésus nous offre. Il ne s'agit plus d'entendre Jésus nous assurer qu'il ne nous laissera pas tomber. Il s'agit maintenant, et c'est le mystère de ce temps de l'Église, de ne pas le laisser tomber en parlant, en vivant *comme des paroles de Dieu*. L'Esprit nous est donné pour *prêcher le Christ*, non pour nous faire valoir.

À votre contemplation : cet Esprit de Dieu a poussé une illettrée, Catherine de Sienne, sur les routes de son temps pour réunifier la papauté divisée entre Rome et Avignon. Cet Esprit de Dieu a transformé cette femme en docteur de l'Église. Comme le Père a envoyé, en cette période difficile du XIVe siècle, cette femme, il nous choisit pour remplir notre monde d'un esprit nouveau, d'une présence que l'eucharistie, maintenant, nous fait goûter et savourer. AMEN.

Vendredi de la sixième semaine de Pâques
Jean 16, 20-23a : *de votre intérêt*

Devant cette page annonciatrice d'un départ, nous pourrions facilement dire qu'il est question de partir sans quitter. Cette réalité est notre réalité quotidienne. Quand un proche nous quitte, il nous demeure présent en esprit. Nous ne pouvons pas être ensembles tout le temps. Nous ne pouvons pas être gâtés de la présence de l'être aimé à nos cotés tout le temps. Dans tout le sens du terme, *il est bon que je m'en aille*. Les conjoints le savent, eux qui à être toujours ensembles, finissent par perdre la saveur de l'autre. Un départ, quand l'amour est au rendez-vous, c'est toujours un départ en esprit.

Cette merveilleuse présence de Jésus auprès des disciples, cette admirable incarnation dans notre histoire, il est *de votre intérêt* qu'elle se termine. Quel admirable départ que de quitter sans partir! Le retour du Christ à son Père est à la fois source de peine, parce qu'il implique pour les disciples son absence physique. Il est source de joie, parce qu'il oblige, désormais, à considérer Jésus non comme quelqu'un d'extérieur, distant de nous, mais bien comme quelqu'un qui est plus intime à nous-mêmes que nous-mêmes. Les disciples perdent quelqu'un, s'en séparent. Ils retrouvent et vivent en amoureux de son esprit. Perdu mais retrouvé. Pour nous faire saisir la nécessité de nous éloigner sans quitter, Jean nous offre cette belle et riche image de la femme enceinte. Elle est dans les douleurs. Elle est dans la joie.

Le cardinal Newman écrivait que *le Christ est revenu, mais en esprit ; c'est son Esprit qui est revenu à sa place; et quand il est dit qu'il est avec nous, cela signifie seulement que son Esprit est avec nous.*

Contemplatives, contemplatifs, le seul sens de notre vie chrétienne, c'est de donner naissance à la vie. C'est d'accepter les douleurs du détachement en sachant bien, comme la mère, que Jésus demeure toujours présent en nous, mais autrement. La mère, qui ne porte plus en elle son enfant, n'en est jamais séparée, parce qu'elle en garde en esprit sa présence en elle. Garder l'Esprit de Jésus, c'est sauver Dieu de la mort en nous, c'est lui assurer aussi une existence autour de nous. Ne pas aimer l'Esprit qui est en nous, c'est tuer Dieu, le crucifier, l'exiler de nos cœurs. C'est aussi effacer son visage dans notre environnement, parce que nos vies sont des visages de Dieu. *Allez dans le monde entier.*

Comme la femme enceinte, nous sommes habités par une présence. Par nous, la Vie prend vie. *Il est bon que je m'en aille.* Nous sommes responsables de Dieu, responsables de la vie à faire naître. Monte en moi, devant cette lecture de saint Jean, cette réflexion presque intimiste que Maurice Zundel adressait à des carmélites de Matarieh, en Égypte, en mai 1972, et qui se voulait un résumé de la retraite qu'il venait de donner au Vatican : *prenez soin de Dieu en vous, il est fragile.*

À votre contemplation : la joie de porter Dieu en nous est fragile. Elle est de la fragilité de Dieu. Cette joie nous est donnée pour que nous puissions en vivre et en témoigner. La joie ne se vit pas, ne peut se goûter en vase clos. Nous l'accueillons, pour la laisser rayonner, pour la partager. Ce départ est un mystère qui ouvre à la joie, celle de nourrir nos cœurs de l'Esprit de Jésus, pour devenir des mères porteuses de Dieu. C'est l'esprit que François nous a légué quand il nous a invités à être des *chefs d'œuvre* de son Évangile comme chemin pour montrer Jésus à notre monde. AMEN.

Vendredi de la septième semaine de Pâques
Jean 21, 15-19 : *tu sais que je t'aime*

Pierre m'aimes-tu? Nous pourrions comprendre aussi la question autrement : *Pierre où étais-tu?* Différent que de dire : *Pierre qu'as-tu fait?* Ce qui se dégage de cet interrogatoire de Jésus devrait nous élever jusqu'à l'extase. Ces trois questions nous montrent *combien gros* l'offensé Jésus aime Pierre. Des questions qui laissent entendre que Jésus ne s'arrête pas à des comportements. Jésus préfère dépasser le côté *défaillance, reniement* pour privilégier l'être profond qu'est Pierre.

Au terme de son évangile, Jean nous montre que l'histoire de Dieu se répète. Au tout début du monde, Dieu est sorti avec douceur à la recherche des premiers habitants de la terre. Dieu souffre tellement de voir que ce premier couple de terriens a désormais honte de leur nudité qu'il ne va pas ajouter à leur souffrance. Le texte dit que *qu'ils entendirent les pas du Seigneur Dieu qui se promenait dans le jardin à la brise du jour* (Gn 3, 9). Au matin du premier jour, Dieu est sorti non pour écraser, non pour humilier, mais parce que son regard voyait la beauté de son œuvre : *il vit que cela était bon*. Dieu voit au-delà des circonstances atténuantes.

Au matin du nouveau monde, Jésus pose le même geste, projette le même regard. Il s'approche en douceur de Pierre. Il ne l'attaque pas, n'est pas courroucé par son comportement. Il sait, comme dit le psaume, *trouver ses délices parmi les hommes* (Ps 8, 30). Plus qu'un interrogatoire malveillant, la finale de Jean nous propose une *méditation* qui dépasse notre entendement humain. Jésus déclare que son amour pour Pierre ne repose pas sur la gravité de l'offense. Que son amour ne disparaîtra pas parce qu'il a été renié. Une telle attitude de douceur, de compassion, de délicatesse, impressionne autant Pierre que les premiers habitants du monde.

Jésus perce le mystère de la beauté de Pierre plutôt que de s'arrêter à l'extérieur passager. Jésus a tellement foi en lui, croit tellement que Pierre est capable de tout faire pour lui, qu'il n'a jamais perdu de vue sa beauté. Il ne lui a pas retiré sa confiance. C'est justement là le message de cette finale ajoutée de Jean : perdre de vue la beauté, c'est ne plus aimer.

L'amour est lié à la beauté que nous projetons sur l'autre. Il est lié à l'espérance qu'il peut redevenir beau. Il exige la patience, beaucoup de patience. Alors que l'impatience conduit au désespoir, la patience de Jésus montre que ce que Pierre n'a pas réussi aujourd'hui, il le fera plus tard.

Jésus est tellement fasciné par le vrai Pierre, tellement assuré qu'il redeviendra lui-même, tellement certain que sa beauté initiale refera surface qu'il accepte son rythme d'avancement et de recul de sa foi. Jésus refuse de s'arrêter sur le faux Pierre. Au moment de son reniement, il y avait des circonstances atténuantes : le prétoire, le silence de Jésus, le froid de la nuit, la perte d'un ami qu'il voit bafoué, etc. Trois questions révélatrices davantage des sentiments de Jésus que de Pierre.

Ce comportement de Jésus confirme ce qu'écrira Paul aux Corinthiens : *l'amour prend patience, ne s'irrite pas, n'entretient pas de rancune, ne se réjouit pas de l'injustice, mais trouve sa joie dans la vérité. L'amour excuse tout, espère tout, endure tout. Il ne disparaît jamais* (1 Co 13, 4-8).

À votre contemplation : par ses questions, Jésus a opté pour être amour. C'est maintenant notre mission : être débordants de son regard de beauté sur l'autre. Regard qui remonte au premier matin du monde. Regard exigeant que nous soyons des *sacrements dépouillés de nous-mêmes* (Zundel). Que cette eucharistie ouvre nos regards sur la beauté de ce Pain livré pour nous. AMEN.

Dimanche de la Pentecôte
Jean 20, 19-23

Après ces trois jours de réflexion sur l'eucharistie, nous pouvons redire ce que Pierre a exprimé devant le Sanhédrin quelques jours après la Pentecôte: *Quant à nous, il nous est impossible de ne pas dire ce que nous avons vu et entendu* (Ac 4, 20). Nous ne pouvons pas, nous ne pouvons plus taire ce que nous avons entendu parce que c'est trop beau. Nous vivons quelque chose de tellement fort que nos vies parlent plus fort, trahissent ce que nous ne disons pas.

D'où vient qu'on ne peut garder pour soi tout seul ce que nous avons entendu durant ces jours de formation? D'où vient que nous avons le vent dans les voiles, nous percevant capables de prendre tous les risques, voire d'être téméraires? D'où vient ce désir insupportable de désirer partager avec d'autres ce que nous avons reçu, entendu, *ce que nous avons touché de l'Eucharistie de vie*? Quelque chose, quelqu'un nous pousse dehors pour faire savourer à d'autres, leur faire déguster de beaux fruits, des fruits juteux.

Ce que je veux souligner comme conclusion à ces jours de formation, c'est que l'esprit de la beauté de l'eucharistie s'est répandu dans nos cœurs. Cette beauté nous rend *ivres* (Ac 2, 15). Cette beauté n'est pas dans le FAIRE, dans un rituel que nous pouvons bien faire, mais dans notre manière d'ÊTRE du bon pain, du pain livré.

Saint Thomas disait que *la lettre désigne tout texte qui demeure extérieur à l'homme, fut-ce le texte des préceptes contenus dans l'Évangile. La lettre* [un simple respect du rituel] *tue* si elle n'est pas assumée, intériorisée. C'est ce que nous vivons à l'intérieur qui est beau. Ce que nous sommes dans nos personnes, fait beaucoup plus de bruit, que ce que nous faisons. C'était la personne des apôtres qui étonnait. Eux, les craintifs, les voilà sans peur, audacieux, parlant dans toutes les langues.

Cette beauté que ces trois jours ont suscitée en nous, cette beauté que nous sommes, et j'insiste là-dessus, n'est pas quelque chose qui nous est donnée une fois pour toute. *Ne pense pas*, écrivait Origène, *que le renouvellement de la vie opérée une fois pour toute au commencement suffise; continuellement, chaque jour, il faut renouveler la nouveauté elle-même.*

Ce renouvellement quotidien de la beauté de voir Dieu *se nourrir* de nous, d'entendre son *magnificat* à notre endroit, d'accepter qu'il nous choisisse pour le servir (prière eucharistique n° 2), dans nos manières de *vivre* le lavement des pieds, souvent nous aidons plus que nous servons, c'est le travail de l'Esprit de Dieu en nos cœurs. C'est cet Esprit qui nous maintient en état de disciple, en état de beauté.

L'Esprit de la Pentecôte, même s'il se laisse voir dans nos manières d'agir, de parler, d'affronter les défis de la foi, ne sera jamais extérieur à nous. L'Esprit de la Pentecôte est une force intérieure qui nous pousse à mener une vie nouvelle, à vivre nos eucharisties comme si elles étaient notre première communion. Une fête comme celle de la Pentecôte, fête qui lance l'Église dehors, perdrait de sa beauté si elle était vécue comme un simple *party*. Elle doit nous changer de l'intérieur. *L'Esprit abolit l'extériorité qui est l'essence de la peur*, écrit Olivier Clément, *qui est la loi du monde déchu où tous sont extérieurs à tous, où je suis extérieur à moi-même.* Il ajoute : *dans l'Esprit saint, il n'y a plus d'opacité mais seulement des visages.*

Nous avons à annoncer un *évangile intérieur* (Zundel) avant d'annoncer une doctrine. Nous avons à laisser voir que l'Esprit est passé dans nos vies, qu'il a changé nos cœurs, *qu'il a rempli jusqu'à l'intime nos cœurs* (séquence), qu'il a soufflé en nous des comportements déraisonnables; nous devenons un homme nouveau. Toute mission commence par un bouleversement intérieur. À quoi servirait un respect des règles qui sont toujours extérieures à nous, si elles ne nous transforment pas de l'intérieur?

Je vous confie la mission de vivre en état de fête, de naissance perpétuelle, en état d'un *seul cœur et d'une âme.* Je vous confie de vivre de l'Esprit de Dieu. *Celui qui n'a pas l'Esprit du Christ, ne lui appartient pas* (Rm).

Que l'Esprit de Dieu, *qui vivifie, qui donne la vie,* qui donne de la qualité à notre vie, qui nous donne une qualité de vie à notre vie, renouvelle vos cœurs pour que vous demeuriez des *Présences et Vies* au cœur jeune et dans l'esprit de Marcelle Veyrac. AMEN.

Quant à nous,

il nous est impossible de ne pas dire

ce que nous avons vu et entendu.
(Ac 4, 20)

TEMPS

ORDINAIRE

Vendredi de la première semaine du Temps ordinaire
Marc 2, 1-12 : paralysé devant la porte

Pouvez-vous distinguer la couleur des yeux du Père François Dominique? Pas facile. Plus difficile encore pouvez-vous voir, soupçonner sa foi? Ça prend de bons yeux, des yeux perçants de hiboux qui voient dans le noir. Ça prend les yeux de Jésus pour voir la foi chez l'autre. *Voyant leur foi.*

Toute sa vie, Jésus n'a fait que lire la foi dans les cœurs. Jésus n'impose pas la foi, il la découvre chez les gens. Il les aide à mettre des mots sur ce qu'ils vivent, sur cette foi en gestation en eux. Songeons à cette femme cananéenne, ce centurion romain. C'est la foi quel Jésus percevait en eux qui les ont sauvés. *Ta foi t'a sauvé.* Quelle pédagogie il nous offre à comprendre! Quel admirable chemin il nous suggère!

Jésus voit que ceux qui lui portent un ami pour qu'il le guérisse, ne sont pas *des hommes de peu de foi*. Sans doute, ces porteurs sont incapables de réciter d'un bout à l'autre la foi des scribes, encore moins celle de notre Credo. Ils sont incapables de déclarer que Jésus est Fils de Dieu, né d'une Vierge; incapables d'affirmer, comme Pierre : *tu es le Messie*. Pourtant, ils ont foi et Jésus voit que leur foi est *plus grosse qu'une graine de moutarde*.

La première bonne nouvelle que Marc présente en ouvrant son évangile est de nous imprégner de cette certitude que Jésus voit notre foi bien avant que nous puissions l'articuler. Et, préférons-nous qu'elle soit bien articulée avant de la voir? Pour Jésus, *voir la foi* semble si spontané, naturel, que ça lui paraît plus facile que de guérir. Jésus voit la foi naissante. Là où plusieurs d'entre nous ne verraient rien, ou trop peu, ou trop noir, ou une foi pas assez articulée, une foi *qui raisonne en eux-mêmes*, Jésus, Dieu, voit la foi qui transporte les montagnes, la foi qui fait crier les aveugles, fait marcher des foules, la foi qui ouvre les toits. En tout cas, c'est la priorité que Marc nous transmet. Que c'est rassurant! Jésus voit avant toute chose la foi dans les cœurs.

Jésus s'appuie sur cette foi pour faire des merveilles, pour réaliser le miracle de la guérison : *Lève-toi et marche*. C'est la deuxième bonne nouvelle que Marc, en ouvrant son évangile, veut nous transmettre. Cette foi naissante est suffisante pour que la vie de Dieu s'infiltre dans les membres inertes du paralytique.

Contemplatives, contemplatifs, l'évangile que nous venons d'entendre dicte le chemin pour vivre en chrétien aujourd'hui. Il est un appel à reconnaître la foi cachée dans le cœur de ceux et celles qui nous apparaissent comme *mal croyants* ou même *incroyants*. En ces temps de mutations profondes que nous vivons, il est presque naturel de voir que la foi s'éteint. Mais ce que Marc affirme dès le début de son évangile, c'est qu'il devrait nous être naturel de reconnaître que la foi chrétienne n'est pas une ligne de conduite, une ligne de parti politique. Que la foi ne se situe pas sur le terrain de la logique du tout ou rien. Jésus, par ce geste et avec autorité, montre que la foi en lui est un espace où beaucoup peuvent trouver place. Qui peut affirmer infailliblement où il y a de la foi et où il n'y en a absolument pas?

À votre contemplation : un Dieu en Jésus nous fait voir notre véritable vocation : simplement lui porter, ici dans la prière, nos paralysies et les paralysés. Et lui, voyant notre foi, accomplira ce qu'il a fait hier; il relèvera, ressuscitera, pardonnera à ceux et celles que nous lui portons. Ils seront exaucés en raison de notre foi. Une eucharistie pour éveiller en nous la puissance de cette foi qui rend aujourd'hui comme hier *stupéfait* notre entourage et le pousse à clamer : *nous n'avons jamais rien vu de pareil.* AMEN.

Vendredi de la troisième semaine du Temps ordinaire
Marc 4, 26-34 : la puissance de ce qui est invisible;
parabole de la graine de moutarde

L'une des règles fondamentales du Royaume et que nous suggère Marc en nous racontant cette parabole de Jésus, est son insistance, non sur ce qui est visible, l'extérieur, mais sur ce qui est invisible, l'intérieur. Le critère de l'arrivée de Jésus, de l'implantation de son Royaume, n'est pas celui de l'éclat extérieur mais bien d'avoir beaucoup d'intériorité. Une telle règle est en opposition avec nos lois humaines d'efficacité et de croissance. Aujourd'hui, nous accordons beaucoup d'importance, sinon la priorité, à ce qui se voit, ce qui est mondialisation. Le rendement, la croissance sont très importants.

Pourtant, cette parabole, toute petite comme bien d'autres, nous situe au cœur de la manière dont agit Dieu au sein de notre humanité. À travers l'image de la graine de moutarde, nous prenons conscience d'une inversion ou d'un retournement de perspective : cette invraisemblable logique de Dieu qui est apparue au moment de son incarnation. De tout puissant, il s'est fait tout petit. Dieu a choisi de sauver son peuple par une autre force que celle de la puissance; *une armée ne donne pas le salut,* dit le psaume.

Ce comportement d'un Dieu qui s'efface, s'enfouit dans la terre à la manière d'un grain de sénevé ou dans la pâte à la manière du levain, est à comprendre non comme une énigme, mais comme une réalité dans laquelle nous devons toujours progresser. Cette graine de moutarde, c'est Dieu lui-même. Rien n'est plus grand, ni plus fort, ni plus beau, ni plus efficace que Dieu lui-même!

Contemplatives, contemplatifs, cette manière d'agir de Dieu, ce mystère de Dieu n'est ni facile à comprendre, ni facile à vivre. Il appelle à un refus d'exister pour et par nous-mêmes, pour nous appuyer sur la force de l'enfouissement dans un autre. Jésus nous propose de faire progresser l'humanité vers une autre manière de vivre. Cette manière ne se décrète pas; elle se sème, se cultive, se récolte. Demain, elle deviendra *un arbre qui abritera les oiseaux du ciel.* Songeons à cette autre parabole de l'homme riche qui se voit invité par Jésus à autre chose qu'à l'illusion de la toute puissance qu'offrent les biens.

Il y a en nous tout un monde à vaincre, une multitude d'attractions (je vous laisse les nommer chacune pour vous-mêmes) qui nous séduisent, nous fascinent et nous piègent. Nous allons de convoitise en convoitise, à peine satisfaits et désirant à nouveau du nouveau ; toujours frustrés, toujours déçus ; *si tu savais le don de Dieu!* Si nous savions la manière de vivre de Jésus...

À votre contemplation : l'évangile que nous clamons ouvre sur un enchantement pour un enfant, celui qui attire nos regards vers la crèche. Dans cet enfant, bat un cœur grand comme le monde. Il s'y cache une puissance de vie inestimable. Une graine de moutarde impossible à détruire. Ce retournement de perspective nous oblige à prendre conscience que ce qui suscite et développe en nous la vie nouvelle, c'est la puissance du Christ lui-même : *J'ai cessé de vivre pour la loi afin de vivre pour Dieu* (Paul). Une eucharistie, pour que le poids de nos désirs des choses terrestres n'entrave pas notre désir de devenir rien pour le Tout, de n'avoir rien pour tout posséder jusqu'à devenir cet arbre qui habitera les oiseaux du ciel. AMEN.

Mardi de la quatrième semaine du Temps ordinaire
Marc 5, 21-43 : toucher son vêtement

Lève-toi. Réveille-toi du sommeil de la mort. Réveille-toi du sommeil de la foi parce que notre foi connaît des symptômes d'épuisement, de mort. Voilà l'invitation de Jésus à la veille d'entrée en Carême. Ce que nous dit cette femme en état de désespérance devant sa situation incurable, c'est qu'elle croit qu'en touchant *seulement son vêtement* elle retrouvera la vie. Ce que nous montre cet homme en état de bouleversement devant la mort appréhendée de sa fille, c'est qu'il s'en remet avec honnêteté entre les mains de Jésus dont la réputation est arrivée jusqu'à lui. Dans les deux situations, ils ne peuvent d'eux-mêmes sortir de leur détresse, de leur tombeau. Ils crient leur besoin d'aide.

Comme cet homme de Jaïre, nous avons besoin d'entendre Jésus nous dire : *lève-toi,* sors de cette vie de foi de routine, marche autrement. Comme cette femme, marchant au milieu de notre monde affairé par toutes sortes d'illusions, nous désirons seulement toucher Jésus pour qu'il nous redonne un souffle nouveau.

À travers ces deux situations, Marc proclame que la foi doit retrouver ses lettres de noblesses. La priorité des priorités, c'est de croire. Mais ne croyons pas trop vite que nous croyons. En nous, il y a *un incroyant convaincu qu'il faut croire* (R. Debray, philosophe athée). Nous afficher zen. Ça fait du bien, c'est à la mode, c'est une bonne manière de vivre sans stress. Nous afficher chrétien, ce n'est pas être bien vu. Ça risque de nous attirer des ennuis, des moqueries, de soulever la risée. En nous, il y a une hésitation, un malaise, non pas tant à croire, qu'à rendre compte de notre foi. Cette femme est allée au-delà des moqueries, même des disciples, cet homme a dépassé son orgueil : ils ont exprimé leur foi.

Thérèse d'Avila affirme : *Quand Jésus était en ce monde, le simple contact de ses vêtements guérissait les malades. Pourquoi douter, si nous avons la foi, qu'il ne fasse encore des miracles quand il nous est si intimement uni dans la communion eucharistique? Pourquoi ne nous donnera-t-il pas ce que nous lui demandons puisqu'il est dans sa propre maison? Sa Majesté n'a pas coutume de mal payer la bonne hospitalité qu'on lui donne. Si vous êtes désolés de ne pas le voir des yeux du corps, considérez que cela ne vous convient pas.*

C'est la foi qui touche Jésus. C'est la foi qui le voit. Saint Ambroise de Milan, devant cette femme qui touchait Jésus, a cette réflexion : *Si nous considérons la taille de notre foi et si nous comprenons la grandeur du Fils de Dieu, nous voyons que par rapport à lui nous ne touchons que la frange; le haut de son vêtement, nous ne pouvons pas l'atteindre. Si donc nous voulons nous aussi être guéris, touchons par la foi la frange du Christ. Il n'ignore pas tous ceux qui touchent sa frange, qui la touche quand il est tourné. Car Dieu n'a pas besoin d'yeux pour voir; il n'a pas de sens corporels, mais possède en lui la connaissance de toutes choses. Heureux donc qui touche au moins l'extrémité du Verbe : car qui peut le saisir tout entier?*

Le carême qui s'ouvre nous est offert pour écouter ce que dira l'antienne de communion tantôt : *Voici l'Époux qui vient, allons à la rencontre du Seigneur.* Redevenons originaux, redevenons croyants. AMEN.

Mardi de la sixième semaine du Temps ordinaire
Marc 8, 14-21 : configurer nos regards sur celui de Dieu

En ce surlendemain de la Pentecôte, de cette fête qui termine ce grand dimanche et qui vient de souffler en nous l'audace, qu'est-ce que *vous ne comprenez pas encore?* En reprenant cette longue saison du temps ordinaire, Marc lance un appel à percer le voile de nos regards jusqu'à l'audace de ne désirer voir que ce qui est beau. Jusqu'à l'audace de nous donner des yeux créateurs de beauté. Des yeux engendreurs d'émerveillement. Parce que nous demeurons souvent prisonniers de nos volontés, nous avons peine à goûter la saveur de l'Esprit qui nous désaveugle, qui désarme nos regards embrouillés par nos myopies. *Vous ne voyez pas*, vient de nous dire Marc.

C'est devenu banal de l'observer, l'histoire comporte des récits sans fin de nos incapacités d'apprécier le nécessaire que nous avons. *Nous avons le cœur aveuglé. Nous avons des yeux et ne regardons pas.* Cette tentation-là, ne voir que le *petit peu de pain* (évangile) *que nous avons, ne vient pas de Dieu,* disait Jacques dans la première lecture, *parce que,* précise-t-il, *chacun est tenté par ses propres désirs.* Arrivés à maturité (nous sommes ici des experts pour atteindre cette maturité), nos désirs enfantent la mort. Ils donnent naissance à des yeux *aveuglés.*

Oui, il y a des yeux qui ne sont pas heureux. Ce sont des yeux qui ne voient pas que *les présents merveilleux viennent d'en haut* (première lecture), des yeux qui ne savent plus voir au-delà d'eux-mêmes, des yeux qui, parce qu'ils s'en tiennent à leur propre volonté, sont recouverts d'une membrane, comme une pellicule qui empêche l'œil intérieur de voir. Demeurer soumis à nos volontés, *ce n'est pas,* dit un chartreux, *le joug divin* [....]*, c'est un collier étouffant* (*La volonté de Dieu*, dans *Vives flammes*, mars 2008, #270, p. 25).

Ce que Marc vient de nous dire, c'est que des yeux ouverts, déracinés de nos volontés, ouvrent sur une présence, celle de quelqu'un qui, avec *cinq pains*, non seulement *a nourri cinq milles personnes,* mais en a fait *ramasser des paniers pleins de morceaux.*

Saintes femmes, tout le travail de l'Esprit est de nous donner cette audace de nous détacher de nos volontés, de nos désirs pour observer qu'autour de nous il y a des *paniers pleins de morceaux de pain* à savourer. Si notre regard est trop sombre, s'il ne voit que *le seul pain dans la barque*, c'est que nous ne sommes pas *imprégnés, alliés* au regard de Dieu. Avouons-le, c'est quand nous avons beaucoup de *dévotion* pour nos regards que notre joug devient difficile à porter. Notre vie devient alors une vie infernale parce vécue à rechercher sa propre volonté. Une vie qui ne fait que se regarder; quel malheur il y a là-dedans! Nos regards passent souvent à coté du trésor que Dieu a placé à la portée de nos mains.

Entendons Jésus nous dire ce matin : *j'ai rompu cinq pains pour cinq mille hommes.* Quelle belle mission que de voir cela! Quelle merveilleuse paix intérieure nous nous offrons quand nous comprenons cela (finale de l'évangile)!

En ce jour où l'Église souligne la mémoire des apparitions de Marie à trois jeunes enfants à Fatima, puisse Marie nous aider à entendre son appel toujours actuel de convertir nos regards jusqu'à ce qu'il (et je cite cette savoureuse expression de Marie Grignon de Montfort) nous *confite* [c'est-à-dire nous imprègne] *dans le sucre de l'amour.* Alors nous n'éprouverons plus ces raideurs, ces résistances à ne plus rester en nous-mêmes comme chemin pour développer le regard de Dieu en nous et autour de nous. AMEN.

Vendredi de la sixième semaine du Temps ordinaire
Marc 8, 34 à 9,1 : suivre ou imiter Jésus

Hier, en réponse à Pierre qui déclarait : *tu es le Messie*, Jésus révélait *pour la première fois* (Mc 8, 30) à ses disciples qu'il devait beaucoup souffrir. Pierre s'y opposa avec une telle force que Jésus ajouta : *passe derrière moi, Satan* (Mc 8, 33). Aujourd'hui, Marc précise ce que cela signifie : *Si quelqu'un veut marcher derrière moi, qu'il prenne sa croix et qu'il me suive!*

Cette déclaration de Jésus, nous la comprenons habituellement du côté du disciple. À y prêter attention, elle est aussi l'une des plus belles définitions de l'identité de Jésus. Avant de nous inviter à le suivre, à *marcher derrière lui*, Jésus nous en a donné l'exemple. Avant nous, il a pris ce chemin, il a marché derrière son Père.

Son invitation à le suivre ouvre à notre contemplation ce qu'a été toute sa vie. Elle nous présente une vie abîme de dépossession de lui-même. Une vie qui *respire* (Zundel) la générosité. Une vie *présence* permanente à son Père. Jésus a mené une vie délivrée de lui-même, de sa volonté, délivrée du cauchemar de s'auto regarder. Jésus n'a regardé que le Père. Il s'est donné à lui. Jésus n'a regardé que l'humanité. Il s'est livré à elle et pour elle, infiniment ouvert au Père, infiniment ouvert à chacun de nous. Il appartenait au Père. Il appartenait à chacun de nous. Il ne s'appartenait plus. Une telle manière d'exister, est-ce une croix ou un chemin d'accomplissement?

En nous lançant cet appel à *marcher derrière lui*, Jésus nous délivre de nous-mêmes. Un chartreux disait que demeurer attaché à nos volontés, à nos désirs de toute sorte *ce n'est pas le joug divin [...] c'est un collier étouffant* (*La volonté de Dieu*, dans *Vives flammes*, mars 2008, #270, p.25). Répondre à cet appel, c'est user de ce pouvoir merveilleux de faire de nos vies, des vies offrandes au Père. C'est décider de ne plus être réduits à subir nos *mois*, à s'auto admirer, à s'auto louanger. C'est nous ouvrir à cette liberté de nous distancer de nous-mêmes pour nous enrichir des autres. Jésus nous offre de nous enrichir en nous dépossédant.

Cet appel anéantit ce que Georges Minois, marxiste, affirmait : *La dernière valeur sacrée est le moi* (Minois, Georges, *Histoire de l'athéisme*, 1998, p. 593; cité par Debains, Paul, *Problème que nous sommes*, p. 52). Paul ne craignait pas d'inviter les romains à méditer ce message qui ressort de la vie de Jésus : *Si nous vivons, nous vivons pour le Seigneur. Nous appartenons au Seigneur* (Rm 14, 7). Aux Philippiens, il demandait *de ne plus se préoccuper d'eux-mêmes mais des autres* (Ph 2, 1).

Ce qui est vraiment crucifiant, c'est de passer nos vies à nous admirer. À rechercher l'accomplissement de nos volontés. Ce qui est vraiment crucifiant, c'est de nous appartenir, plutôt que librement appartenir au Christ, comme le Christ appartenait au Père. Suivre Jésus n'est pas un engagement à éteindre en nous ce que nous sommes. C'est un engagement à découvrir que nous ne sommes pas, comme la fête de la Trinité nous le dira dimanche, des solitaires. La réalisation de nous-mêmes s'accomplit, c'est un paradoxe, par notre capacité de ne plus nous posséder, nous appartenir.

À votre contemplation : faisons nôtres ces mots que Jésus insufflait à Catherine de Sienne : *Je ne veux pas violer les droits de votre liberté, mais dès que vous le désirez, moi-même, je vous transforme en moi et je vous fais moi*. Tout le travail de l'Esprit est de nous donner cette audace de nous détacher de nos volontés, de nos désirs. Quel malheur il y a d'avoir beaucoup de *dévotion* pour nos *nous-mêmes* et peu pour entendre Jésus nous dire : *Je vous fais moi*. C'est le non accueil de cette invitation qui rend notre joug difficile à porter. Nos vies deviennent alors infernales parce que vécues à rechercher nos propres volontés. Suivre Jésus, c'est accepter de vivre notre quotidien comme une vie offrande au Père. Ne passons pas à coté de ce trésor de mener une vie eucharistique que Dieu, à chaque matin, place à la portée de nos vies. AMEN.

Mardi de la huitième semaine du Temps ordinaire
Marc 10, 28-31 : tout quitter pour le suivre

Personne n'aura quitté maison, frères, sœurs, mère, père, enfants ou champs à cause de moi et de l'Évangile, sans qu'il reçoive au centuple. Il faut se laisser émerveiller par la richesse de cette parole. Elle nous aspire vers ce Jésus tellement dépossédé de tout *qu'il n'a pas de moi* (Zundel). Tellement dépossédé, qu'il est devenu sacrement, hostie, offrande. Le message est très clair : pour être *capable de Dieu*, ce sont les premiers mots du catéchisme, *pour être digne de lui*, il faut ne s'attacher à rien, ni à personne. Cet appel ne s'adresse pas seulement aux apôtres.

Ce qui nous est demandé, c'est de faire profession de ne vouloir d'autre paradis en ce monde que de marcher dans la voie royale qu'a prise Jésus qui, le premier, a tout quitté. Ce qui nous est demandé, c'est de mettre toute notre gloire, tout notre contentement à devenir don de nous-mêmes. *Il est impossible*, dit la grande mystique Madeleine Delbrel, *de mettre sur une même balance Dieu d'un côté et tous les biens du monde de l'autre*. Ce qui nous est demandé, c'est de *n'avoir rien pour le Tout* (Jean de la Croix), de *consentir à n'être rien* (Marie de la Trinité). Ce qui nous est demandé, est *impossible aux humains, mais pas pour Dieu, car tout est possible à Dieu* (Mc 10, 27).

Posons la question : est-ce vraiment des paroles dures en entendre? Ce qui est crucifiant n'est-ce pas plutôt cette déception presque permanente de ne pas réussir à imposer nos volontés, cette angoisse constante de ne pas voir nos désirs et rêves devenir réalité?

Plus souvent qu'autrement, nous voyons, à l'horizon de cette demande, la croix, d'ailleurs Jésus en fait mention, mais quand tout quitter se réalise en nous, ce n'est plus la croix qui se dresse à l'horizon, mais le matin de la résurrection. Le dernier mot de cette page s'ouvre sur une vie nouvelle, une vie libérée de tous ces attachements, si minimes soient-ils, du poids des choses d'en bas, sur une vie de ressuscité. Cette page *n'est ni dure ni pénible parce que celui qui commande aide à réaliser ce qu'il nous commande* (saint Augustin). *Mon joug est facile à porter, et mon fardeau léger.*

Pour appartenir à Dieu, pour suivre Jésus (nous l'avons perçu hier dans l'épisode de l'homme riche), il faut être en guerre, en état de guerre permanente contre cette tendance si ancrée chez nous, en nous, à nous faire du bien, à nous donner ces petits soins, de *petits biens* qui, sournoisement, minent notre attachement au Christ. Pour suivre Jésus, il faut mourir à quelque chose et non pas se dorloter, se complaire dans ces petits soins. *Pour se donner tout entière au Tout, il faut ne plus se soucier de tout le créé* (Thérèse d'Avila, *Chemin de perfection*, chap. IX). De tout temps, et peut-être davantage aujourd'hui, cette page de Marc apparaît comme la croix des croix, alors qu'elle nous *transfigure* en disciples.

Jean XXIII, dans ses notes spirituelles, se plaisait à se redire devant toutes les croix qu'il portait, ces mots de saint François de Sales : *Je suis comme un oiseau qui chante dans un buis-*

son d'épines. Être comme un oiseau qui chante au cœur de nos souffrances physiques qui viennent avec l'âge. Quelle belle image à nous remémorer!

À votre contemplation : suivre Jésus est une profession à placer toute notre gloire, tous nos contentements à partager sa manière de vivre, sa manière d'être. Ainsi, se profile devant nos yeux le sommet de l'Incarnation qui est le suprême dépouillement d'un Dieu qui, par ce chemin, nous enrichit de sa divinité. Cette page, invitation à cesser toute *dévotion* envers nos *mois*, se réalise maintenant pour nous dans cette eucharistie où Jésus devient sacrement de la pauvreté suprême. *Deviens ce que tu contemples, deviens ce que tu reçois, reçois ce que tu es, le Corps du Chris*t (Raymonde Pelletier). AMEN.

Jeudi de la huitième semaine du Temps ordinaire
Marc 10, 46-52

Nous sommes le peuple qui appartient à Dieu. Nous sommes chargés d'annoncer les merveilles de celui qui nous a appelés des ténèbres à son admirable lumière. Ce sont les mots de Pierre (première lecture), clamant à l'aurore des temps nouveaux : Dieu a mis dans nos yeux son propre regard, *nous sommes chargés d'annoncer son admirable lumière*. C'est ça, la bonne nouvelle. De part en part, la Bible est traversée *par ce plaisir pour les yeux de voir* (Qo 11, 7). *Que la lumière soit* (Gn 1, 3). Ce furent les premiers mots de Dieu. *De nuit, il n'y en aura plus. [...] Le Seigneur répandra sur eux sa lumière* (Ap 22, 53). Ce sont les derniers mots prononcés au nom de Dieu par l'auteur de l'Apocalypse.

Naître, c'est *voir le jour*, dit-on. Mourir, c'est voir *s'éteindre* le jour. Dans ce récit de l'aveugle de Bartimée, Jésus, l'Alpha et l'Oméga, nous confirme qu'il est *la lumière du monde*, qu'il est venu ouvrir nos yeux à la lumière. Mais le comportement de Bartimée nous confirme aussi que nous avons en nous cette admirable capacité de sortir de nos nuits, de nos aveuglements.

Bartimée a profondément ressenti que Jésus était *lumière du monde* (Jn 8, 12), *la vraie lumière qui illumine tout humain*, que rien, ni la foule, ni le fait qu'il ne voyait rien, ne l'a empêché de marcher vers lui et de lui crier : *Seigneur, que je voie*. Il pressentait, et je paraphrase Thérèse d'Avila, que s'occuper de Jésus, lui porter attention, c'est s'assurer qu'il s'occupera de nous. Cette foi de Bartimée, alors qu'il devine que Jésus était la chance de sa vie, lui a fait franchir tous les obstacles; cela a tellement fasciné Jésus, qu'il lui a simplement dit : *ta foi t'a sauvé* et non pas : *moi je t'ai guéri*.

Saintes femmes, comme Bartimée, nous sommes, dans tout le sens du terme, des *aveugles-nés*. Mais savoir que nous sommes des *non-voyants*, des *malvoyants* nous fait désirer, comme l'exprime très bien un père du désert, être *tout œil. Le moine, et c'est également vrai de tout chrétien, c'est être comme les chérubins tout œil*. Ce qui est paradoxal, c'est que voir clair, devenir *tout œil*, c'est de savoir, et cela est une croix quotidienne à porter, que nous ne voyons pas très bien. Que nous ne verrons jamais très bien.

Ce qui nous rassure dans ce récit de Marc, c'est que la foi, et c'est l'expérience que nous révélait avec stupéfaction pour les uns le récit de la vie de Mère Térésa, grandit dans la nuit. Pour répandre la lumière, Mère Térésa et d'autres, ont passé leur vie dans la nuit. *C'est de nuit*, écrit Jean de la Croix, *que nous avançons dans la foi*. En plein jour, l'éblouissement du soleil nous aveugle. La foi de Bartimée lui a soufflé un *surplus d'être*. Un surplus d'œil. Nous sommes faits pour être fils, comme le Fils même, si nous sommes plus dissemblables que semblables.

Ce que ce récit nous dit, à chacun d'entre nous personnellement, et peut-être plus particulièrement à *sainteté des saintetés* dont aujourd'hui c'est l'anniversaire, c'est qu'être <u>aveugle et le savoir</u> (beaucoup sont des aveugles sans le savoir) n'est pas quelque chose de paralysant. Cela nous met en mouvement, nous fait crier plus fort notre besoin de voir avec *les yeux illuminés du cœur* (Ep 1, 18). Ce récit nous décrit un véritable chemin de foi. Une foi qui ne marche pas est une foi morte. Ce récit est pour tout responsable de communauté, un chemin incontournable. Il appelle à être *tout œil*, même dans la nuit.

À votre contemplation : il faut, et je paraphrase la première lecture de Pierre, nous donner une vision excellente (le texte dit une *conduite excellente*) parce que *si la lumière qui est en toi est ténèbres, combien seront grandes ces ténèbres* (Mt 6, 23). Faisons nôtres ces mots de l'hymne liturgique que nous lisions mardi de la troisième semaine : *Soleil levant, tu es venu pour que voient ceux qui ne voient pas et tu guéris l'aveugle-né. O viens, Seigneur Jésus, lumière du monde, que nous chantions pour ton retour*. AMEN.

Fête du Sacré-Cœur
Matthieu 11, 25-30

Que savons-nous de Dieu? À vrai dire bien peu de choses. C'est pour cela que celui qui à chaque instant, donne *la vie, le mouvement et l'être* (Ac 17, 28) ne nous a pas laissés dans l'ignorance. Il est venu nous montrer plus que de nous dire qui il est. Cette fête du Sacré-Cœur poursuit la révélation inouïe de cette carte d'identité de Dieu révélée à Moïse : *Dieu tendre et miséricordieux, lent à la colère, plein d'amour et de fidélité* (Ex 34, 6), *riche en miséricorde* (Ep 2, 4), que la Trinité et la fête du Corps et du Sang du Christ nous ont fait entrevoir.

Ce que nous connaissons de Dieu en entrant dans l'intimité de son cœur, ce que Dieu nous fait saisir quand il nous ouvre son cœur, c'est qu'il ne s'est pas épargné pour nous. Notre intimité avec lui nous montre un Dieu qui n'a aucune emprise sur lui-même tant il ne se possède plus. Un amour qui se possède est un amour infecté de lui-même. Ce cœur nous désire *parfaits comme notre Père céleste est parfait*. Ce Dieu, *aux entrailles de miséricorde*, ne vit que pour nous.

Ce qui a été caché aux sages et aux savants est un Dieu tellement peu hautain, qu'il faut s'empresser de le *descendre du ciel* parce que tout son bonheur, toute sa raison d'être, tout son être est de s'incarner en nous, d'habiter en nous, de nous ouvrir son cœur, de nous donner son cœur. Tout son bonheur est d'habiter là où nous lui permettons d'entrer.

Ce cœur, qui est Père, qui est Fils, qui est Esprit, n'a rien ménagé, n'a rien gardé pour lui-même, pas même sa vie pour que nous devenions *son cœur*. Sa grandeur, sa gloire est qu'il *nous a aimé le premier* (1 Jn 4, 10) d'un immense amour pour nous désinfecter de nous-mêmes. Pour allumer en nos cœurs un incendie qui continue à nous consumer. C'est là la perle de l'évangile. *Venez à moi, […] prenez mon joug.* Devant nos yeux, et voilà ce qui est révélé aux petits, contemplons cette complaisance de Dieu à s'empresser à porter nos jougs et notre complaisance à porter son léger fardeau. Mystère de liberté et de grâce.

Ce cœur est non seulement un chemin pour nous dire qu'il a de la peine à nous voir peinés, écrasés sous le poids du jour, mais il est aussi une porte pour que nous puissions nous reposer en lui, près de son cœur. À regarder ce cœur, nous apprenons que nos existences ne peuvent être désormais qu'appel à devenir radicalement données.

Questions : comment est-il possible qu'un Dieu nous offre son cœur en partage? Comment est-ce possible que ce cœur, qui n'est qu'amour, qu'*immense amour*, ne se sente pas profané ni bafoué en nous invitant à devenir son cœur? La réponse est celle-ci: cette fête nous fait respirer un Dieu engagé dans vos vies jusqu'à porter sur ses épaules notre poids d'être. Un Dieu à *cœur ouvert*.

Contemplatives, contemplatifs, nous n'avons maintenant rien d'autre à faire, et spécialement ici sur cette montagne de l'Horeb, que de passer notre vie à *plaire à son cœur* pour paraphraser ce que nous a laissé François dans sa règle (22, 9). Une vie à plaire à son cœur nous conduit à nous aimer, à nous déposséder de nous-mêmes.

Au XIIIe siècle, sainte Gertrude de Helfta dit que Jésus lui manifesta son cœur pour qu'elle le fasse connaître afin qu'il *réchauffe l'amour engourdi que porte à Dieu le monde vieillissant.* 800 ans plus tard, cet appel de *réchauffer l'amour engourdi* est toujours actuel.

À votre contemplation : il nous revient maintenant de tellement ressentir dans nos cœurs les battements du cœur de notre Dieu qui est Père, Fils et Esprit que nous ne pourrons plus dire, comme sainte Catherine de Sienne : *Seigneur je vous recommande mon cœur*, mais *Seigneur je vous recommande votre cœur*, tant notre cœur est devenu le cœur de Dieu. Élevons nos cœurs. Rendons grâce à Dieu pour son immense amour. AMEN.

Mardi de la neuvième semaine du Temps ordinaire
Marc 12- 13-17 : rendez à César
2 Pierre 3, 12-15a et 17-19 : attente de ce jour de Dieu

Accueil : cette fête est d'une grandeur incomparable

Depuis des millénaires, la source de notre joie n'a pas cessé de jaillir en nous. Nous l'avons perçue dans cette fête de la visitation samedi dernier. Marie a saisi mieux que personne d'entre nous, qu'elle était *parole de Dieu,* comme l'exprimait l'antienne des Laudes, la plus belle des *merveilles* de Dieu. Cette source de joie se retrouve comme voilée, comme en toile de fond dans cette question que vient de poser Jésus : *De qui est cette image?* Comment recevons-nous aujourd'hui cette question, source de joie?

Jésus, qui perçoit qu'on *veut le mettre à l'épreuve*, qui pressent qu'à chaque fois qu'il se déplace, qu'il prend la parole, il devient un véritable *signe de contradiction*, Jésus, au lieu de s'enflammer de colère, d'impatience, en profite pour élever nos regards. Plus il est piégé, plus ses réponses respirent une grande liberté. Jésus refuse de se sentir à l'étroit, coincé entre le *bon et le mal,* le *correct et le non correct,* le *blanc et le noir.* La dichotomie n'est pas sa vision première. Ce matin, profitons de la question *de qui est cette image,* pour élever nos regards jusqu'à la recevoir comme une question libératrice de nos enfermements à ne voir que *les réalités d'en bas.*

La première lecture élevait nos regards vers une autre réalité, celle que Jésus, par sa question, veut faire comprendre à ses interlocuteurs : nous appartenons aussi à un monde d'en haut. Nous ne sommes pas des êtres étouffés par une vie périssable. Nous avons en nous cette capacité, cette grandeur de déborder d'admiration en contemplant que nous sommes *image et ressemblance de Dieu.*

Cette question, *de qui est cette image,* devrait susciter en nous un délire de joie... imprenable. Elle nous fait respirer *un ciel nouveau et une terre nouvelle* (première lecture). Nous sommes depuis nos origines *image et ressemblance de Dieu.* Dieu ne nous a pas créés parce qu'il avait besoin de nous. Il nous a créés parce que lui, Dieu, don parfait, dépossession totale de lui-même, voulait avoir quelqu'un en qui *il pourrait déposer ses bienfaits* (Saint Irénée de Lyon). Il voulait des *images de lui-même.*

À une question *hypocrite,* Jésus donne une réponse qui respire de la hauteur. Une vie toute consacrée à la recherche de nos effigies à désirer placarder plus ou moins consciemment sur tous les murs parce que nous nous percevons des *petits rois,* une vie toute orientée à utiliser la parole pour manifester notre supériorité, à donner la mort à l'autre, une telle manière de vivre est une vie infectée de nous-mêmes, une vie sans hauteur, sans but, une vie sans vie, tant elle n'est pas à l'image de celui qui est la source de notre vie.

Par sa réponse, *donner à César, donner à Dieu,* Jésus nous invite à *vivre selon la nature* (l'expression vient de Sénèque). Nous sommes *capables de Dieu.* Est-il permis de vivre *selon notre nature*, à l'image de Dieu? Nous est-il permis de trahir cette image en tombant dans la région de dissemblance (Augustin, Guillaume de saint Thierry, Aelred de Rielvaux)? Celui qui écoute la réponse que donne Jésus à la question des pharisiens et des hérodiens, je paraphrase l'évangile de dimanche dernier, sans la mettre en pratique, bâtit sa vie sur du sable mouvant et non sur du roc.

Une question dont la réponse fait sortir nos vies de la région de la dissemblance. Pierre l'exprimait avec clarté tantôt : mener une vie irréprochable parce que nous sommes de la nature de Dieu. *Dieu s'est abaissé pour que nous soyons élevés jusqu'à la ressemblance divine* (Guillaume saint Thierry, *Lettre au mont Dieu*).

Saintes femmes, si nous *continuons à grandir dans la connaissance de Jésus-Christ* (première lecture), *si nous refusons à nous laissez entraîner dans les égarements*, dans les choses d'en bas, si nous ne perdons pas de vue que nous devenons parfaits dans la mesure où nos cœurs, nos désirs, nos manières de vivre sont tournés vers la recherche de retrouver la ressemblance avec Dieu, alors, et c'est ça le trésor merveilleux de l'Évangile, nos vies *dès maintenant et jusqu'au jour de l'éternité* deviennent *expérience de Dieu*. Soyons eucharistie pour nous remplir d'étonnement devant cet appel à retrouver nos origines. AMEN.

Jeudi de la neuvième semaine du Temps ordinaire
Marc 12, 28b-34; 2 Timothée 2, 8-18 : c'est *dangereux* d'aimer

Si vous avez porté attention, le mot *tu aimeras*, ce premier commandement, ne fait pas la une de mes réflexions. S'il y a urgence actuellement, c'est bien celle de redonner aux mots leur sens profond. Il y a des mots tellement utilisés qu'ils se sont vidés de leur sens original. À force d'utiliser sur les cartons de cigarettes : *dangereux*, nous n'y portons plus attention. Il en est ainsi des mots. De la parole de Dieu.

Il y a des lois qui existent contre la fraude. Aucune n'existe contre la falsification des mots, de leur sens. Aucun mot, dans notre société comme dans l'Église, n'a subi le sort du pauvre mot *amour*. Rien n'est plus souffrant, déchirant que d'entendre constamment ce mot défiguré, affirmé d'une manière absurde, reposant sur le sable mouvant de nos *mois* égoïstes plutôt que sur le roc solide d'une vie donnée. Quelqu'un viole une femme et s'excuse en disant qu'il l'a fait par amour; c'est frauduleux; c'est inacceptable. Dans nos prédications, nous discourrons sur le mot en prenant soin (et c'est frauduleux) de le vider de sa dimension mystique. Face à cette page qui est un *copié-collé* du mystère de Dieu, nous manquons terriblement de cette dimension mystique.

C'est frauduleux de prêcher cette page si elle ne conduit pas à affirmer qu'aimer (la fête du Sacré-Cœur, celle de la Trinité, celle du Corps et du Sang de Jésus nous montraient cela) passe par une complète désappropriation de nous-mêmes. Discourir sur l'amour sans en vivre, c'est comme bâtir nos vies sur du sable mouvant. Le vent viendra, les discordes surgiront et toutes nos belles paroles s'envoleront.

Aimer, c'est ne plus avoir de prise sur nos vies. C'est un *exode sans retour*, une sortie sans retour de nous-mêmes. Pour paraphraser la première lecture, si nous supportons l'épreuve d'aimer comme lui, avec lui nous régnerons (2 Tm 2, 11). Aimer est *le plus grand* parce que c'est vivre à *cœur ouvert*, c'est vivre désinfecté de nous-mêmes. Nos vies ressemblent souvent à celle de ce scribe qui savait, mais qui ne parvenait pas à vivre ce qu'il savait, qui comprenait que *cette parole est sûre* (première lecture), mais ne pouvait vivre ce en quoi il croyait. Graham Green a cette expression qui ramasse tout ce que Jésus a vécu avant de nous donner ce commandement : *Aimer, c'est nous protéger contre nous-mêmes*.

Cette page nous presse à sortir de nous-mêmes pour vivre de *cette communion de volontés* (*Deus est Caritas*, #17). Cette page nous presse à se laisser tailler par Dieu (image de la vigne, lundi) pour porter un fruit agréable : celui de nous aimer les uns les autres. *C'est seulement à travers les autres que nous pouvons rendre amour pour amour à Dieu* (Madeleine Delbrel, *Joie de croire*, pp. 71-72).

Voilà la perle de l'Évangile. La mystique évangélique à annoncer. Voilà notre vocation première. Quand j'entends ma *sainteté des saintetés* me dire que vous êtes la plus belle communauté Jésus Marie, c'est à cela qu'elle fait référence. Entendez ce matin, vous ici, vivant ensemble en communauté, Jésus vous dire par ma voix sacerdotale, *vous n'êtes pas loin du Royaume de Dieu* (Mc 12, 34), *voyez comme ils s'aiment*.

À votre contemplation : nous l'avons entendu dimanche dernier, les belles paroles ne suffisent pas. Il n'est pas suffisant de dire (c'est l'une des rares fois où un évangéliste rapporte que des auditeurs sont d'accord avec Jésus) : *Maître, tu as bien parlé*. Il faut nous convertir à l'amour. Et ce règne de la beauté d'aimer (qui est plus que *bien parler*!) commence à l'intérieur de nous. C'est une aventure qui pénètre jusqu'aux entrailles de nos cœurs. Jean de la Croix disait que *la béatitude ne se donne qu'à l'amour*, qu'à ceux qui aiment en acte. Humblement, mais pourquoi pas fièrement aussi, sachons que *nous avons du prix à ses yeux et qu'il nous aime* jusqu'à se faire pour nous nourriture. Puisse cette eucharistie nous faire comprendre et goûter dans ce pain, la grandeur et la beauté de cet amour qui est TOUT, qui est mon TOUT. AMEN.

Vendredi de la neuvième semaine du Temps ordinaire
Marc 12, 35-37; 2 Timothée 3, 10-17 : lettre testamentaire de Paul

Comme les discours d'adieux de Jésus dans l'évangile de Jean, la deuxième lettre à Timothée est considérée comme la lettre testamentaire de Paul. *Sentant sa mort prochaine* (2 Th 4, 7), il s'adresse à Timothée, *son fils bien aimé* à qui il confie de poursuivre sa tâche et, à travers lui, à tous ceux et celles qui suivront. Comme richesse, Paul, disant qu'il est *plein de reconnaissance* (2 Th 1, 3) lègue à *celui à qui il a imposé les mains* (2 Th 1, 6), de faire mémoire de sa vie, de la belle vie qu'il a connue, de la place de Dieu dans sa vie, de la manière dont il s'est acquitté de sa tâche, ses questions et interrogations face à l'avenir qui ne s'annonce pas facile : influence grandissante des fausses doctrines et relâchement accentué. *Quant aux mauvais, ils iront toujours plus loin dans le mal.*

Mais cette belle vie que, de sa prison, Paul déroule devant Timothée comme un cri du cœur, cette belle vie qu'a été pour l'apôtre de *proclamer l'Évangile*, nous venons de l'entendre dans la première lecture, ne fut pas une partie de plaisir. *Toi qui as suivi pas à pas [...tu sais] tout ce qui m'est arrivé, toutes les persécutions que j'ai subies* (2 Th 3, 14). Vie pas facile, mais une vie qui a été belle, voilà le testament de Paul auquel il ajoute de précieuses recommandations :

Reste fidèle à ce qu'on t'a enseigné (2 Th 3, 14). *Toi, mon enfant, fortifie-toi dans la grâce de Dieu. Ce que tu as appris de moi, confie-le à des hommes sûrs, capables d'instruire à leur tour* (2 Th 2, 1-2). *Efforce-toi de te présenter à Dieu comme un homme qui a fait ses preuves, un ouvrier qui n'a pas à regretter ce qu'il a fait et qui trace* [dispense] *avec droiture la parole de vérité* (2 Tm 2, 15).

Ce que Paul, éprouvé, emprisonné, malmené, nous laisse voir (et ce n'est pas rien pour notre temps actuel!) c'est que malgré les oppositions, le sentiment d'échec de Timothée et du sien, il considère que, par la proclamation de l'évangile, se continue à *temps et contre temps* l'épiphanie de Dieu. Pour Paul, et c'est le sens de son message pastoral (qu'il nous faut entendre à nouveau) ce que Jésus a proclamé de son vivant, même si les hommes sont *devenus égoïstes, ingrats, sacrilèges* [ou] *en ayant seulement les apparences de la vie religieuse* (Rm 3, 5), même si des comportements inhumains continuent à exploser comme une gangrène, une vie véritable fleurit, car la mort est détruite et la vie resplendit. *Il a détruit la mort en faisant resplendir la vie* (Rm 1, 10).

Au terme de sa vie, la seule certitude possible était sa foi en ce messie, fils de David et fils de Dieu. Pour Paul, et c'est ce que Jésus lui-même enseignait dans le temple par sa question sur son origine (*comment affirmer que le Messie est fils de David?*), Jésus était vraiment fils de l'homme, de la lignée de David et vraiment fils de Dieu, *assis à* [sa] *droite*. C'était la certitude des certitudes de toute sa vie. Cette certitude, roc inébranlable, il l'avait proclamée aux Romains (Rm 1, 2-4), ceux-là même qui le firent périr : *Selon la chair, il est né de la race de David; selon l'Esprit qui sanctifie, il a été établi dans sa puissance de fils de Dieu par sa résurrection d'entre les morts, lui, Jésus Christ, notre Seigneur.*

À votre contemplation : il faut, à l'heure où s'ouvre l'année de saint Paul, *écouter avec plaisir* cette confiance de l'apôtre en l'avenir. L'épiphanie de Dieu en Jésus se manifeste aujourd'hui encore quand est proclamé l'Évangile. C'est le message testamentaire de Paul. Son assurance repose sur ce qui est arrivé à Jésus. Il nous redit aujourd'hui : *souviens-toi de Jésus-Christ, ressuscité d'entre les morts, issu de la race de David* (Rm 2, 8-9). Bénissons Dieu pour son Esprit qui nous fait confesser que Jésus est le Messie, fils de David et fils de Dieu et transformons nos vies en devenant, comme Jésus, pain rompu pour la vie du monde. AMEN.

Jeudi de la dixième semaine du Temps ordinaire
Matthieu 5, 20-26 ; 1 Roi 18, 41-46
la loi nouvelle : une question d'être, non de morale

Cette page est plus qu'une *loi nouvelle*. Elle ouvre sur l'émerveillement de savoir qu'il y a en nous plus que nous. Nous sommes faits pour autre chose que de vivre en état de guerre permanente. Réaliser cela, c'est défoncer les limites naturelles de nos *je-moi*; c'est nous libérer de nos colères, de nos renfermements sur nos blessures, c'est nous guérir de cette *mode tendance* à ne voir dans l'autre que le seul responsable de tous nos maux, pour entreprendre, grâce à cette ascèse, à cette purification de nos regards, une aventure spirituelle qui nous conduit à mener une vie mystique de très haute qualité. Une vie humaine vécue à un très haut niveau de qualité d'être.

Au-delà des comportements déraisonnables qu'il ne faut pas nier, cette *loi nouvelle* oriente nos regards vers la beauté *d'une conduite étrange*, celle de sacrifier nos vieux pressentiments, nos ressentiments, nos ruptures de relation, nos scènes de colère qui dictent des comportements amoindris, des comportements qui nous rapetissent. Elle nous fait opter pour une autre manière de vivre (mardi, c'était celle d'être sel et lumière) où transparaît que nous sommes à la ressemblance de Dieu, que nous avons en nous les gênes de Dieu. Cette page nous fait entrevoir qu'il y a au fond de chaque personne quelque chose de radicalement inviolable : une manière de vivre entre nous qui se modèle sur l'être même de Dieu. Au-delà de nos discordes, et cela nécessite des yeux de lumière, des yeux de hiboux, qui voient de la beauté dans l'opacité de notre quotidien, l'autre est, de par ses origines, une œuvre d'art de toute beauté à admirer, à contempler.

Se dessine, dans ce chapitre cinq de Matthieu, l'espérance d'une terre neuve faite de relation harmonieuse. Trop souvent, nos regards sont réduits à une conception purement juridique de la vie : ce qu'il faut faire ou ne pas faire. Il n'est nullement question ici de ce qui est permis ou défendu, mais d'un appel à être ou à ne pas être. Jésus n'est pas venu instaurer un système juridique, un code moral. Il est venu nous lancer un appel au dépassement. Il est venu donner de la hauteur, de la grandeur à ce que nous sommes. Il est venu écrire *non sur des tables de pierres, mais dans nos cœurs* (2 Cor 3, 3), sa propre manière de vivre.

Cette *loi nouvelle*, ce *moi, je vous déclare* est la manière de vivre entre le Père, le Fils et l'Esprit. Lorsque nous accomplissons avec maladresse, sans doute, mais que nous accomplissons quand même dans notre quotidien, cette manière de Dieu de vivre entre nous, lorsque nos *agir* imiteront ceux de Jésus, alors la vie fleurira, le royaume de Dieu se réalisera. Jésus nous lance un appel à devenir humain, un *parfait humain*. C'est humain et divin de vivre en harmonie. C'est humain et divin de guérir nos blessures en nous réconciliant. C'est humain et divin de vivre dépossédés de nos tendances possessives, toujours sources de nos conflits. C'est humain et divin de faire l'expérience que dans notre *moi* il y a aussi un *autre*. C'est satanique de vivre en état d'opposition et de conflit.

À votre contemplation : le Christ, dans son premier mot à Nicodème, disait : *Personne ne peut voir le Royaume de Dieu, s'il ne naît de nouveau* (Jn 3, 3). La réalisation de cette *loi nouvelle* amène un changement de nos *mois*. Renaître à notre *moi* profond. Nous sommes faits pour vivre en mode harmonie trinitaire. Zundel disait qu'il faut *dissoudre ce «moi» que nous nous fabriquons pour arriver à un moi source jaillissant de vie*. Il ajoutait : *si nous ne comprenons pas cela, nous resterons toujours dans cet univers infantile*. Dieu nous confie sa manière de vivre. C'est en maintenant notre contact avec lui dans la prière et dans cette eucharistie qu'*en toute circonstance nous serons des infatigables artisans de paix* (oraison finale). AMEN.

Mardi de la onzième semaine du Temps ordinaire
Matthieu 5, 43-48; 1 Roi 21, 17-29 : aimez vos ennemis

Qui parmi nous, possède une si forte personnalité, a tellement d'impact, d'ascendant foudroyant sur son semblable, qu'il peut faire naître en lui ou en elle des comportements divins? Qui est capable d'ébranler nos profondeurs de terriens, nous émouvoir assez, jusqu'à éveiller en nous le désir d'une véritable métamorphose de nos vies? Cette page, en nous présentant le comportement de Jésus, nous en donne la réponse.

Aimez vos ennemis, aussi surprenant que cela puisse paraître *n'est pas au-delà de nos moyens ni hors t'atteinte.* [...Cette page] *est inscrite dans ton cœur* (Dt 30, 10). Elle fait violence à nos fausses identités, à nos faux *mois*, à nos *mois préfabriqués* (Zundel). L'invitation d'être *parfait comme votre Père céleste* est dans nos gênes. Nous avons en nous *l'effigie exprimant son être* (He 1, 13). Nous sommes *immortellement greffés sur la nature de Dieu* (saint Augustin).

Être parfaits comme Dieu. Dieu ne se connaît qu'en l'expérimentant. Pour nous dire le chemin de *devenir parfaits comme votre Père céleste*, Jésus nous a montré l'être de Dieu, la perfection de Dieu à vivre en paix avec ses ennemis. Avant de nous inviter, et nous risquons de l'oublier, à nous faire proches de nos ennemis, le texte dit : *aimer*; il faut, comme l'être même de Dieu, nous détacher même du mal qu'on nous fait. La perfection de Dieu ne consiste pas, comme nous le faisons habituellement, à porter attention à *nos défaillances qui sont autant d'infidélités envers notre être véritable* (Von Hilderbrand), mais à regarder, jusqu'en s'en extasier, notre beauté originelle. Tellement grand notre Dieu, le Dieu de l'Éden, le Dieu créa-teur, le Dieu innocent, tellement grand qu'il s'est dépossédé de lui-même, de son pouvoir, pour devenir le Dieu livré à ses ennemis au jardin de l'agonie. Il fut la première victime du mal.

Cette page deviendra *accomplissement*, quand nous adopterons pour les autres ce regard de Dieu sur nous. Jésus ne s'arrête pas à nos défaillances. Son regard nous délivre de l'épaisseur de nos replis sur nous-mêmes. Son regard nous pénètre tellement (songeons au regard de Jésus sur Pierre après sa trahison), qu'il pousse à la conversion de nos cœurs.

Quand il y a conflit entre nous, comme cette page de Matthieu nous le montre, c'est parce que notre regard ne voit chez l'autre que ses défaillances et non sa beauté originelle, *sa beauté si antique et si nouvelle* (saint Augustin). Dépasser nos pulsions premières, qui ne sont pas des comportements *humains* mais des comportements de *terriens*, dépasser ce qui nous est *naturel*, nos réactions impulsives, c'est sortir de nos faux *mois*, c'est sortir nos faux *mois* de nos vies, c'est cesser d'exister en dehors de nous pour exister en dedans, pour nous donner une vie transformée en véritable image et ressemblance de Dieu. Un amour *à cœur ouvert* est autre chose que cette fascination qui nous ramène à nous-mêmes, à nos *mois* stériles. Cet amour trinitaire, c'est de cela dont il s'agit dans cette page, est un amour où nous cessons de nous contempler. Alors nous pourrons expérimenter qu'*aimer nos ennemis* est non seulement possible, mais confirme que nous sommes, par grâce, de la nature de Dieu. Nous déposséder même de nos haines, *durant que nous sommes en chemin*. Voilà l'extraordinaire de l'Évangile.

À votre contemplation : *moi je vous dis*, ma voix sacerdotale qui est la sienne, vous dit : ce n'est pas extraordinaire que *d'être parfait comme votre Père céleste est parfait*. Jésus, et il en fait un commandement, nous demande d'être simplement ce que nous sommes. Nous sommes, et j'utilise la très belle expression de l'archimandrite Sophronie, des *microthéos*. L'incarnation est, disait au début du christianisme saint Athanase, une assomption de notre humanité en Dieu. C'est chacun de nous qui se voit invité à être comme Dieu, lui qui a accepté d'être semblable à nous. Vivre cet appel à aimer nos ennemis, c'est devenir ce que nous sommes, des visages parfaitement humains de Dieu. C'est humain, c'est un véritable acte d'accomplissement que de contempler la beauté qui se cache dans notre *ennemi*; que de considérer *jusqu'à nous en réjouir, les offenses reçues comme un bienfait* (saint Silouane) qui nous rend semblables à Dieu. AMEN.

Jeudi de la onzième semaine du Temps ordinaire
Matthieu 6, 7-15; Ben Sirac le Sage 48, 1-14 :
Notre Père... pour devenir fils

Pour terminer mon itinéraire parmi vous, voilà une page qui nous présente ce qu'il y a de plus beau : apprendre à prier, de prier sa prière par cœur, même par le cœur, de nous donner des rendez-vous de prière, de faire eucharistie. Ce qui est beau, d'une beauté indescriptible, dans cette réponse à une demande de ses amis, c'est l'empressement de Jésus à nous faire entrer dans l'intimité avec son Père, à nous faire connaître qu'il n'a aucune emprise sur sa vie, tant il n'est que regard vers le Père.

Ce qui est beau, c'est que dans sa prière, Jésus nous révèle qu'il n'a pas seulement un accès, un contact extérieur avec le Père. Il est dans le Père. Il est *auprès* du Père. Un *auprès* qui colore son intimité avec le Père. Un *auprès* qui montre sa fascination pour le Père, que sa vie est tournée vers le Père. Qu'il demeure près du Père. Tellement *auprès* du Père que Thérèse d'Avila note : *Comme ton Fils manifeste bien qu'il est le Fils d'un tel Père. Comme il se voit bien que tu es le Père d'un tel Fils!* Elle ajoute : *Notre esprit devrait en être tellement rempli, et notre volonté tellement pénétrée, qu'il nous soit impossible de proférer une parole* (Chemin de perfection, chap. 27-29). Cette prière de Jésus nous fait voir ce qu'est la contemplation parfaite. Elle nous fait *demeurer*, rester *auprès* du Père.

Contemplation parfaite parce que dans sa prière, Jésus n'existe tout simplement pas. Il est dépossédé de lui-même. *Qui m'a vu, a vu le Père.* Contempler, c'est être perdu, enfoui dans ce que nous regardons. Contemplation parfaite parce que dans sa prière, Jésus n'existe tellement pas qu'il ne pense qu'à nous, qu'à chacun de nous. *Donne-leur du pain quotidien, pardonne-leur.* Ce qui a fait dire à Jean de la Croix : *Regarde simplement le Christ* [...] *et tu auras accès au Père.* Cette prière nous fait entendre une mélodie divine, nous offre à voir avec une telle profondeur, que la manière de vivre de Jésus fut d'être *image parfaite du Père.* Augustin parlait de cette prière comme de *l'éternelle poésie du Père* par le Fils, poésie vivante et vivifiante qui nous transforme en fils.

Saintes femmes, *être chrétien,* écrivait le cardinal Ratzinger, *signifie participer à la prière de Jésus, entrer dans son modèle de vie, c'est-à-dire dans son modèle de prière. Être chrétien signifie : dire avec lui «Père» et devenir ainsi enfant, fils de Dieu* [....]. *Être chrétien signifie : regarder le monde à partir de ce noyau et, par là, devenir libre, plein d'espoir, décidé et confiant.*

Apprends-nous à prier, avaient demandé les disciples. Cela ne veut pas dire : apprends-nous une prière, une formule à réciter. Jésus ne nous a pas transmis une formule à répéter, mais plutôt une attitude, un style qui nous fait prier comme lui-même a prié. Jésus nous a montré une façon de nous tenir *auprès* de Dieu, une façon d'être avec les autres et de vivre dans le monde. Le Notre Père de Jésus, notre *Notre Père* jaillit de cette relation avec Dieu et avec les autres. Relation filiale d'abord, qui devient, par voie de conséquence, fraternelle.

À votre contemplation : *disons, vivons mieux le Notre Père et nous serons des saints* (Mère Térésa). Tout y est. C'est tout l'Évangile : Dieu, moi-même, le prochain. Il n'y a rien de compliqué à être fils d'un tel Père. C'est nous qui compliquons nos manières de vivre en chrétien, en *saintetés Jésus Marie*, les aggravant de tant de choses à faire. Une seule chose compte : plus nous vivrons cette prière, plus nous deviendrons tellement fils, que le Père ne pourra plus nous distinguer de son propre Fils. Que cette prière de Jésus nous aide à voir plus que ce que nous pouvons en dire. À entendre plus que ce que nos oreilles peuvent en écouter. AMEN.

Vendredi de la douzième semaine du Temps ordinaire
Matthieu 8, 1-14 : le lépreux, histoire d'un face à face

Pour terminer mes *visitations* chez vous, une page d'une grande sobriété, marquée par un face à face inouï entre deux *désobéissants* à la loi : le lépreux qui, en courant vers Jésus, ne respecte pas la loi, et Jésus qui, en allant vers lui, ne fait pas mieux. Face à face unique entre deux *têtus* : le lépreux *veut* être guéri envers et contre tout (*si tu veux*) et Jésus *veut* aussi lui manifester toute sa compassion. *Je le veux.* Face à face inconcevable entre deux contagions : celle de la sainteté de Jésus qui attire et celle de la lèpre qui éloigne. Face à face sublime entre un humain et un divin sans que nous sachions quelle est la part de l'un et de l'autre.

Il faut nous laisser impressionner par une telle sobriété qui dégage autant d'affrontements, de faces à faces et qui nous révèle à la fois le mystère Jésus et le nôtre. Ce qui se dégage et nous bouleverse dans ces faces à faces, c'est d'observer qu'entre Jésus et nous, entre nous et Jésus, il y a une mutuelle attirance. Une mutuelle séduction. Une contemplation réciproque.

Jésus est tellement *saisi jusqu'aux entrailles*, séduit par ce *Si tu veux*, qu'il s'empresse au risque de sa vie, de *tendre la main, de* [le] *toucher* et de lui dire à son tour, son *je le veux* divin. En posant ce geste déraisonnable de toucher l'intouchable, Jésus nous révèle quelque chose du mystère de sa personne. Peu à peu, progressivement, Jésus, ce grand prophète qui a visité son peuple, commence à se montrer sous son vrai jour. Il laisse voir son identité. Il n'est pas seulement quelqu'un qui parle avec autorité, pas seulement quelqu'un qui attire les foules par ses guérisons, pas seulement plus grand que le plus grand des prophètes, il est quelqu'un qui purifie comme Dieu seul peut le faire: *je le veux, soit purifié.* Il est l'action de Dieu lui-même.

Quant au geste du lépreux, il confirme que rien, aucun comportement extrême ni déraisonnable, rien n'est assez contagieux qui puisse repousser Jésus. Qui puisse le contaminer. Même s'il n'a pas la *sainteté* nécessaire pour approcher Jésus, même s'il n'a pas la dignité exigée pour se présenter devant un tel maître, même s'il n'a rien à perdre, il risque l'audace de sortir de son enfermement jusqu'à *se prosterner devant lui.* Il n'y a pas plus engageant, de plus risqué que de dire à Jésus : *Si tu veux, tu peux me purifier.* Il engage sa foi et son espérance en celui qui peut tout.

Contemplatives, contemplatifs, ce face à face de deux contagions, de deux volontés, de deux hors la loi par leur désobéissance, décrit notre histoire individuelle et ecclésiale. Ce serait admirable si nous avions la beauté du lépreux qui s'est refusé de vivre à l'écart malgré sa lèpre. Il nous appartient d'avoir le courage de ce lépreux, et, quelle que soit l'étendue de notre misère, de nous jeter au pied de Jésus et de nous laisser toucher par lui. Comme hier, notre geste audacieux, notre face à face avec Jésus nous conduira à la vie, à la santé et lui à la mort, à la croix. En faisant sienne la croix du lépreux, les nôtres, Jésus ne joue pas au thaumaturge pour épater les foules, il fait un pas de plus vers la croix. *Je le veux*, c'est-à-dire j'accepte de prendre votre croix et de la faire mienne.

À votre contemplation : cette vie inattendue, cette vie inimaginable que *je le veux* de Jésus a redonné au lépreux, elle devient nôtre maintenant dans cette eucharistie. Entendons Jésus nous dire ces paroles presque inaudibles, ces paroles *grand mystère de foi, je le veux, ceci est mon corps. Je le veux ceci est mon sang versé pour vous.* AMEN.

Dimanche de la quatorzième semaine du Temps ordinaire
Matthieu 11, 25-30 : Père, je te rends grâce

Je te bénis, Père, d'avoir caché cela aux sages et aux savants et de l'avoir, dans ta bonté, révélé aux petits. Ce qui est caché, ce qu'ignorent les sages et les savants, ce que ne perçoivent pas les puissants du monde, de notre monde, mais qui fait la joie des *petits*, de ceux et celles qui écoutent la parole de Dieu avec les oreilles du cœur, c'est que notre Dieu n'est pas un Dieu écrasant, sorte de Pharaon, un Dieu idole devant qui l'on s'incline par peur. Notre Dieu n'est pas un Dieu inaccessible, vivant dans un lointain royaume, mais, et c'est ça que nous montre l'Incarnation, un Dieu plus intime à nous-mêmes que nous-mêmes. *Je te cherchais dehors et tu étais en dedans* (Saint Augustin).

Ce que nous révèle la prière de Jésus, c'est, et c'est toujours étonnant d'entendre cela même si ça fait du bien à entendre, que notre Dieu n'est pas quelqu'un d'imposant, ni qui s'impose ou qui nous impose un joug écrasant. Il est *doux et humble de cœur.*

Nous venons de l'entendre dans la première lecture, le prophète Zacharie annonçait cette vision-là comme une grande joie : *Exulte de toutes tes forces, fille de Sion! Pousse des cris de joie, fille de Jérusalem! Voici ton roi qui vient vers toi.* Le texte ajoute cette étonnante affirmation : *humble et monté sur un âne, un tout petit ânon* (Za 9, 9). Saint Paul, dans la deuxième lecture, précise que cette connaissance, que cette connaissance d'un Dieu *doux et humble,* d'un Dieu porteur *de paix aux nations* (Za 9, 10), n'est pas une connaissance *sous l'emprise de la chair,* mais sous *l'emprise de l'Esprit de Dieu.* Voilà le secret caché de notre Dieu! Un Dieu désarmé de lui-même, qui n'a plus d'emprise sur lui-même. Son incarnation est le sacrement qui le dépouille de sa divinité pour nous l'offrir en héritage, en partage. En s'huma-nisant, il nous redonne la forme de Dieu. Il nous divinise.

Notre Dieu n'a pas triché avec notre nature humaine. Il n'a pas joué au héros, vécu comme un surhomme, cherché à dépasser les limites de notre condition quotidienne. Non content de se faire, comme dit l'Écriture, *en tout semblable à nous, exception faite du péché* (He 2, 17; Ph 2, 6-8), il s'est fait le plus petit d'entre nous. *Apprenez de moi que je suis doux et humble de cœur.* Notre source d'exultation est de savoir que Dieu fait du neuf avec du vieux, de la jeunesse avec nos vieilleries sur lui.

C'est dans ce secret, secret qui nous est révélé, qu'apparaît dans toute sa clarté ce mystère de Jésus qui nous rassemble en ce jour qui lui est consacré. Si nous entrons dans ce secret, si nous entrons dans l'intimité de son secret par la prière contemplative, alors nous serons vraiment transfigurés en comprenant que Jésus est vraiment le premier qui s'est fait le dernier, qu'il est le maître qui s'est fait le serviteur, qu'il est le Très-haut devenu le Très-bas.

Ce dépouillement, cette dépossession de son être divin, voilà ce qui maintenant nous est accessible. Voilà ce qui est incompréhensible aux autres grandes religions du monde. Jésus a tellement pris la dernière place que le plus petit, le plus pauvre, le plus ignoble des humains, que tous et toutes nous pouvons le trouver sur notre route. Et dans cette rencontre, se produit un admirable échange : nous lui remettons nos fardeaux. Il nous offre le sien, *son fardeau léger. Venez à moi et je vous procurerai le repos.*

Devant ce mystère de ce qui est caché, devant ce mystère de la puissance de Jésus, devant cette eucharistie où éclate le mystère de son abaissement, devant ce mystère du sacrement où Jésus est dépouillé de son *moi* divin, le prophète Zacharie nous invitait à *pousser des cris de joie*.

Pour comprendre cela, il faut entrer dans ce que Jean de la Croix appelait *cette musique silencieuse*. Il faut regarder, écouter, créer en nous cet espace de silence, sans lequel il nous est impossible de rien connaître ou de découvrir sur Jésus. Cette musique silencieuse nous fait comprendre que *le silence est quelqu'un que l'on regarde et en qui l'on vit* (Maurice Zundel). Notre silence (et c'est cela l'eucharistie, un mystère de silence) nous fait respirer une présence, la sienne, devant laquelle nous redisons ces mots du psaume 144 : *Je bénirai ton nom toujours et à jamais. Chaque jour je te bénirai, que tes fidèles te bénissent!* Que cette eucharistie nous rende maintenant attentifs à sa présence réelle cachée sous ce pain et ce vin. Pour vous maintenant, je prononce ces mots qui me bouleversent et me transpercent à chaque fois que je les prononce et qui nous transfigurent, vous et moi, en forme de Dieu : *ceci est mon corps, ceci est mon sang, prenez et mangez.* AMEN.

Vendredi de la quatorzième semaine du Temps ordinaire
Matthieu 10, 16 et 23 : saint Benoît

Qui est assez sage pour comprendre, assez pénétrant pour saisir qu'être chrétiens, qu'être évangile, c'est tisser des liens inviolables d'harmonie *même au milieu des loups*. Ce signe, vivre en harmonie, en paix avec tout le monde, sans haine dans nos cœurs, est le trésor inviolable de tout disciple. Devenir évangile, et François d'Assise a très bien compris cela, nous faire un devoir de la concorde, de l'union des cœurs même avec nos persécuteurs. Ce devoir de la concorde, cette mission de vivre *sans nous tourmenter sur notre défense, sur ce que nous dirons, sur le comment*, saint Cyprien, au deuxième siècle appelle cela le *martyr de la charité*.

Cette manière de vivre nos faces à faces avec nos opposants, avec nos compagnes avec qui nous avons moins d'affinité, en plus de donner de la hauteur, de la dignité, de la sainteté à nos vies, nous assure d'habiter le royaume de Dieu. Elle nous fait dégager un parfum d'évangile. Réalisé même maladroitement, cet appel à être doux comme des agneaux exige beaucoup de patience. Thérèse d'Avila avait coutume de dire que *la patience obtient tout*. Notre état de bonheur ne vient pas de ce que nous faisons subir aux autres, mais s'enracine en nous quand nous agissons *comme* Jésus. Nous deviendrons complètement heureux lorsque notre ressemblance à Jésus deviendra parfaite, lui qui a vécu en état de sérénité, de grande paix intérieure même avec ses opposants. Si nous agissons ainsi, nous entendrons Jésus nous dire ces mots presque inimaginables : *je vous appelle mes amis.*

Saintes femmes, le seul chemin, le plus court chemin pour entrer dans cet appel à vivre en harmonie, en communion avec les autres qui sont nos proches, est de passer par le Christ, de demeurer en lui. C'est ce que Benoît a compris, lui qui, vivant dans une époque de grande perturbation (c'était celle de l'effondrement de l'empire romain), écrivit dans le prologue de sa règle : *Voici que dans sa bonté, le Seigneur nous indique le chemin de la vie.*

Et ce chemin pour affronter les tsunamis de tous les temps, pour désarmer les conflits entre nations, entre membres d'une même famille, humaine ou religieuse, Benoît l'enracine sur l'écoute (*ausculta Dei*) et la certitude que l'autre n'est pas l'enfer, que l'hôte n'est pas un ennemi à abattre, mais qu'il est le Christ lui-même. *Les hôtes seront reçus comme le Christ. On leur témoignera beaucoup d'humanité. Nul ne cherchera ce qu'il estime utile à lui-même, mais ce qu'il l'est à autrui.*

Seule une grande intimité avec Jésus peut nous apprendre à saisir par le dedans que *la charité du Christ nous presse*, peut nous guérir de nos infidélités à vivre en humain déshumanisé. Jésus nous envoie *comme des brebis au milieu des loups* pour confirmer et attester que l'autre, comme l'a écrit un célèbre auteur, n'est pas l'enfer, mais qu'entrer en relation d'harmonie avec l'autre, l'hôte, c'est vivre le ciel sur la terre. Cette finalité, vivre en harmonie, réussir à dynamiser la beauté d'une vie en communauté, nous *obéir entre nous*, pour citer la règle de saint Benoît, le Père Timothée Radcliffe, dominicain, dans une conférence qu'il donnait lors de son passage au Québec à la veille du Congrès eucharistique, en a fait le pilier de l'avenir de toute Communauté. Cette beauté-là fascine encore et répond à un profond désir de chaque être humain.

À votre contemplation : notre vie est chrétienne, notre vie brille de beauté dans la mesure où nous sommes en perpétuel commencement de nous hâter lentement vers la sainteté; *aujourd'hui, je commence*, écrivait saint Antoine de Padoue. C'est ensemble que nous devenons des *saintetés*. Nous ne pouvons pas être des *saintetés* en vivant seul. *Malheur à celui qui est seul; s'il vient à tomber, il n'aura personne pour le relever* (Qo 4, 7). Il faut nous hâter lentement, au quotidien, à vivre jusqu'à la perfection cette page de Matthieu, nous hâter lentement à mener jusqu'à la perfection notre vie d'envoyés, de femmes consacrées. *Puissions-nous être fidèles à te servir dans la prière, et avoir pour nos frères* [sœurs] *une grande charité* (oraison finale).
AMEN.

Dimanche de la quinzième semaine du Temps ordinaire
Matthieu 13, 1-13 : la moisson

Quand nous parcourons les routes de cette région qui nous accueille pour un temps de repos, nous n'en finissons plus de contempler l'immensité de ces terres fertiles qui laissent voir que la semence jetée en terre au printemps dernier, commence à porter des fruits juteux. Nos yeux débordent de ravissement devant la beauté des champs. Nous anticipons le jour où nous nous rassasierons de tous ces légumes et fruits frais de nos champs.

Malgré cette vision de la beauté de nos terres, ici et ailleurs, et même si la réalité des terres fertiles est plus abondante que les terres rocailleuses, nos regards comme nos conversations quotidiennes sont hypnotisés par la lunette que nous offrent les média. Nos regards semblent s'arrêter sur ce que Paul mentionnait dans sa lettre aux Romains : la désolation du temps présent. Nos yeux ne semblent percevoir que dégradation, que des cœurs rocailleux, des comportements non complètement libérés de l'esclavage de l'hommerie, de la mesquinerie qui nous est spontanée. Nous avons des yeux experts pour observer ce qui se dégrade, ce qui est comportement déshumanisé, mais nous percevons que très peu, et cela affecte notre moral, le grain qui grandit, en silence, dans le cœur de tant d'êtres humains. C'est le sens profond de cette parabole. Il y a deux sortes de terre : celle de Dieu en nous et celle de l'hommerie qui pousse au travers de la terre de Dieu. Dieu a mis en nous, a planté en nous, une vigne, un jardin noble et bienfaisant puis, comme l'exprime une autre parabole, il est parti en voyage, nous confiant la tâche de faire fructifier son bien.

Cette parabole n'est pas une invitation à tomber dans la naïveté. Nous aussi souffrons dans notre propre terre intérieure, dans nos cœurs, de ce que Paul nous rappelle dans la seconde lecture : *la création tout entière crie sa souffrance, elle passe par les douleurs d'un enfantement qui dure encore*. Nous aussi, dans notre terre intérieure, ne sommes pas encore parfaitement libérés de nos *nous-mêmes*. Nous aussi, vivons collés à nos désirs de vengeance, de haine. Mais, ajoute ce fougueux Paul dont nous faisons mémoire toute spéciale cette année, il nous faut *commencer par recevoir le Saint Esprit*. Cette parabole du semeur nous invite à nous libérer de nos regards trop défaitistes. Il faut oser, c'est une urgence de foi, une mission qui est à notre portée quotidienne, poser un regard à la fois lucide, mais aussi plein d'espérance, sur ce qui nous entoure.

Tel est bien, d'ailleurs, l'enseignement de Jésus, dans la seconde partie de l'évangile que nous venons d'entendre. Jésus s'étonne de notre aveuglement : *Vous aurez beau regarder, vous ne voyez pas*. Jésus reproche de regarder sans regarder, de regarder sans rien voir, d'écouter sans rien écouter, ni rien comprendre. Nous sommes tellement obnubilés et abattus par le mal et les laideurs humaines que nous voyons partout, qu'il semble que nous sombrons dans l'insouciance (on ne s'en fait plus) ou bien que nous oublions qu'il existe un autre regard qui ouvre sur un avenir à notre avenir.

Regarder et écouter, comme Jésus nous y invite aujourd'hui, cela signifie d'abord ne plus nous laisser prendre au piège des prophètes de malheur, ou de l'hédonisme béat et de l'égoïsme de ce monde. Dieu a semé le bon grain, il pousse silencieusement en nous et dans les autres. Mais les pierres et les ronces sont aussi bien réelles. Si nous ne percevons pas la beauté de ce qui lève, si nos conversations ne dégagent que déprimes et défaitismes, alors nos vies risquent de devenir stériles et inutiles. Ce bon grain, nous risquons, à tout moment, de ne pas le voir lever.

À votre contemplation : Dieu fait grandir le grain. Et dans ce grain est présent tout l'avenir. Tout notre avenir. Il faut entendre avec ravissement, nous appliquer ce qu'écrivait le prophète Isaïe dans la première lecture : *La pluie et la neige qui descendent des cieux n'y retournent pas sans avoir abreuvé la terre, sans l'avoir fécondé, l'avoir fait germer*. Le texte ajoute : *La parole qui sort de cette parabole ne me reviendra pas sans résultat*. En semant en nous sa parole, Dieu vit que cela était bon. Ce regard n'a pas changé. Nous ne pouvons certes pas toujours voir que du beau. Il y a de l'ivraie. Mais nous pouvons développer en nous ce regard de beauté de Dieu sur nous. Ce regard de beauté sur les autres. *Si nous n'avions pas ce regard de beauté*, fait observer le mystique Tauler, *notre être tout entier ne vaudrait rien. Nous serions comparables aux animaux*. C'est la sainteté de nos regards qui changera le monde. Projetons sur ce pain un regard de beauté et entendons Jésus nous dire : Ceci est mon corps jeté en terre pour vous. Prenez-le et vous vivrez d'une vie nouvelle. Projetons sur ce pain un regard d'émerveillement, un regard qui fait exister, un regard qui nous fait vivre et nous rend meilleurs. Celui qui mange de ce pain, qui en saisit et en comprend son mystère, celui-là porte beaucoup de fruits. AMEN.

Dimanche de la seizième semaine du Temps ordinaire
Matthieu 13, 24-43 : ivraie au milieu du champ

Tout est question de regard! Tout est question de patience! Tel est bien ce qui se dégage d'une écoute attentive de cette parabole de Jésus. Question de regard : les serviteurs ne voient que l'ivraie; le maître ne voit que le blé. Les serviteurs ne voient que le mauvais; le maître refuse de risquer d'arracher le bon blé. Les serviteurs ne voient que l'échec de leur travail d'ensemencement; le maître, sans nier que sa terre est infectée d'ivraie, préfère croire que son blé est d'une telle qualité qu'il poursuivra sa croissance.

Question de patience : les serviteurs sont impatients d'en finir avec l'ivraie; le maître lui, affiche une assurance désarmante. Il sait lui, la qualité de son grain de blé. Alors que l'impatience des serviteurs risque d'écraser le *roseau fragilisé*, d'éteindre *la mèche qui brûle encore*, le maître refuse cette logique expéditive, ces regards et jugements sans appel qui veulent régler en quelques minutes tous les problèmes.

Que veut nous faire comprendre Jésus? À travers ces images de la vie quotidienne, ces images toujours actuelles du bon et du mauvais, de force et de faiblesse, de la patience légendaire de Dieu et de notre impatience à vouloir que tout se règle toute de suite, Jésus veut nous faire saisir qu'il faut du temps, beaucoup de temps, pour pouvoir distinguer le bon grain de l'ivraie, qui pousse ensemble. Il faut du temps pour que le minuscule grain de sénevé finisse par donner un abri aux oiseaux du ciel. Le boulanger trop pressé risque de ne sortir de son four que de tristes galettes, lourdes et indigestes. Jésus veut nous faire saisir que le royaume se laisse mal appréhender par des jugements rapides et définitifs. Dieu prend son temps, parce que nous avons besoin de temps.

Cette patience de Dieu, il faut être fort pour être patient, (*ta domination sur toute chose te rend patient envers toute chose*) cette patience de l'homme juste, dont la première lecture faisait l'éloge, cadrent mal avec notre civilisation de l'immédiat, du tout, tout de suite. Que nous le voulions ou non, nous sommes nous aussi infectés par cette frénésie de paroles expéditives, de jugements sans appel. À nous écouter parler, nous pouvons régler en quelques minutes tous les problèmes du moment. Derrière cette tentation de l'efficacité à tout prix, derrière notre malaise devant les lenteurs de notre Église à affronter la désespérance criante autour de nous, il y a un refus presque inconscient de la logique du royaume : celle du grain qui pousse, de la pâte qui a besoin de temps pour lever. Nous sommes devant deux regards : l'un divin et l'autre humain. Dieu fait sien ce proverbe chinois : *si tu es pressé, prend ton temps, tu n'as aucune minute à perdre*.

Imaginer s'il avait fallu qu'on nous coupe trop vite ? Nous ne serions même pas au stage d'apprentissage d'une vie de sainteté. Imaginer s'il avait fallu éliminer trop vite le fougueux Paul, dont le *zèle* antichrétien *surpassait bien des compatriotes de son âge*, comme lui-même l'écrit aux Galates (1, 13-14), comment aurait-il pu devenir *un instrument de choix, vase d'élec-, tion pour porter mon nom devant les nations païennes*? (Ac 9, 15) Comment aurait-il pu écrire aux Romains (première, 8, 26-27) *que l'Esprit saint vient au secours de notre faiblesse, que l'Esprit saint intervient pour nous par des cris inexprimables*? Comment aurait-il pu *voir Jésus notre Seigneur*, comme il l'écrit aux Corinthiens (1 Co 9, 1), lui qui a vécu quelque 30 ans après la mort de Jésus? Comment aurait-il pu devenir un héraut de la foi au Christ, un géant de la pensée chrétienne, un maître spirituel pour notre temps ou encore le plus grand des mystiques de tous les temps? C'est d'expérience qu'il affirme que sa faiblesse (l'évangile disait l'ivraie) a attiré Dieu jusqu'à le transformer en évangélisateur de l'évangile. *Moi, l'avorton, Dieu m'a choisi pour que les païens entendent de ma bouche la parole de la bonne nouvelle et embrassent la foi* (Ac 15, 7).

Cette parabole nous apprend que cette patience de Dieu, cette infinie patience de Dieu, n'est pas un encouragement à la paresse. Elle nous apprend à regarder qu'aussi bas que nous soyons tombés (Paul en est un exemple) nous pouvons nous relever. Cette parabole nous apprend que ce qui se voit, se perçoit, se ressent comme de l'ivraie en nous ne sera jamais le dernier mot de notre existence. Paul nous dit encore : *on est semé dans la faiblesse, on ressuscite dans la force* (1Cor 15, 43).

En nous offrant son pain, Jésus nous redit qu'il a faim de manger nos faiblesses. En le recevant, nous confirmons notre désir de nous laisser transformer pour, *comme l'argile dans la main du potier*, devenir des *vases d'argile* où Dieu peut déposer le trésor de son pain. AMEN.

Dimanche de la dix-septième semaine du Temps ordinaire
Matthieu 13, 44-52 : trésor d'évangile

Si tu as trouvé quelque part, le trésor d'Évangile, ne passe pas ton chemin, retiens-le. S'y attachera ton cœur (Lc 12, 34). *Si tu as trouvé quelque part, une perle précieuse, ne passe pas ton chemin, saisis-la. Tu seras ravi de joie* (Mt 13, 45). Ces mots extraits du disque compact *Au secret du jardin* (Raymonde Pelletier et Yolaine Pépin) sont un appel à fixer nos yeux sur cet essentiel invisible, à veiller sur ce trésor d'Évangile afin d'être riche intérieurement. *Là où est ton trésor là aussi est ton cœur.*

Habituellement, quand nous voulons quelque chose de précieux, la question surgit : c'est combien? Quand nous voulons ce trésor dont parle l'Évangile, il n'est plus question de demander : c'est combien? Mais combien profond faut-il creuser pour le découvrir? Que nous faut-il délester, que nous faut-il quitter pour posséder ce trésor qui requiert de *passer par le trou d'une aiguille*? Pour posséder toujours plus, nous dépensons. Pour nous enrichir de ce trésor, il faut non plus dépenser, non plus acheter mais nous détacher de toutes ces futilités qui nous séduisent tant, nous sécurisent aussi. Nous défaire de tout, nous déposséder de tout. L'évangile disait tantôt : *tout vendre ce que nous possédons.*

Saint Augustin écrivait jadis (et quelle sagesse il y a dans cette phrase!) : *s'il savait comment il est pauvre, celui qui est riche*. Ce trésor se trouve non dans la possession, mais dans la dépossession, non dans l'avoir plus, mais du coté du manque, dans l'avoir moins. Un moins, pour être plus. Un manque, pour une plénitude. Au seizième siècle, Grégoire le Grand affirmait avec beaucoup de sagesse que *nous attacher au transitoire, c'est nous détacher du permanent*; nous accrocher à des biens transitoires, c'est vivre sur des fondations bâties sur du sable mouvant.

Ce trésor d'Évangile, l'immense majorité des chrétiens n'ont pas encore compris qu'il n'est pas quelque chose à acquérir. C'est une personne, Jésus. La révolution extraordinaire, copernicienne, la nouveauté inouïe qu'a apportée Jésus, fut de nous faire découvrir, de nous faire comprendre qu'il n'est pas venu nous imposer des choses à faire, des lois à respecter, une pratique dominicale à pratiquer. Jésus, ce trésor d'Évangile, est venu nous ouvrir à une sagesse de vivre, celle du désencombrement de nos *mois* dont la devise est *tout pour moi et moi au-dessus de tout*.

Le trésor d'Évangile, c'est une manière de vivre, c'est une sagesse, celle qu'a demandé le roi Salomon : *donne à ton serviteur un cœur attentif, [capable] de discerner le bien et le mal*». Et la réponse de Dieu est claire: *puisque tu n'as demandé ni la richesse, ni la mort de tes ennemis, mais l'art d'être attentif [...], je te donne un cœur sage tel que personne n'en a eu avant toi et n'en aura après toi*. Voilà le trésor d'Évangile. Une sagesse de vivre. Ce trésor est inestimable. Ce trésor est béatitude parce qu'il n'est pas quelque chose à posséder mais quelqu'un à devenir. Sur la route de son martyr, Saint Ignace d'Antioche, enchaîné, écrivait : *Ne vous contentez pas d'être chrétien, devenez-le*. Cet appel est une urgence à entendre aujourd'hui. Ne nous contentons pas d'être attirés par ce trésor d'Évangile, devenons trésor d'Évangile. Il nous est impossible de désirer ce trésor Jésus si nous désirons tout posséder.

La romancière Marie-Claire Blais, qui n'a pas la réputation d'être une recluse disait : *D'un coté nous avons tout, téléphone portable, ordinateur le plus performant, internet; de l'autre, nous sommes privés de l'essentiel. Tôt ou tard on va se rendre compte que ces gadgets n'étanchent pas nos soifs de profondeurs* (Couelle Roy, *Les rebelles,* in *Madame au Foyer*, janv.-fév. 97, pp.13-24).

Le vrai trésor est au-dedans de nous. Si nous sommes saisis, *affectés* par ce trésor d'Évangile qu'est cette présence réelle du Christ en dedans de nous, nous serons riches, délivrés, dégonflés de tout ce que l'idéologie du rêve peut nous vendre et qui nous attire tellement. Il n'y a qu'une assurance de bonheur total, c'est de creuser jusqu'au fond de nous-mêmes, d'aller jusqu'au bout de nous-mêmes, car au bout de nous-mêmes, au fond de nous-mêmes, il y a tout. *Si tu as trouvé quelque part le trésor d'Évangile, ne passe pas ton chemin, retiens-le. S'y attachera ton cœur* (Lc 12, 34). *Si tu as trouvé quelque part une perle précieuse, ne passe pas ton chemin, saisis-la. Tu seras ravi de joie* (Mt 13, 45).

Mercredi de la dix-septième semaine du Temps ordinaire
Matthieu 13, 44-46 : *souviens-toi de ta perle*

Souviens-toi de ta perle. À nouveau, avec cette page parabole de Matthieu, nous sommes en présence d'un face à face entre deux manières de devenir des *saintetés*. Entre deux manières de se procurer ce trésor d'Évangile : en dépensant pour posséder, en se dépossédant pour s'enrichir. Il n'y a aucun doute qu'il y a de nombreux trésors, mais seul ce trésor d'Évangile est unique. Il y a beaucoup de belles perles, mais il n'y a que cette perle d'Évangile qui soit précieuse.

Pour posséder ce trésor, acquérir cette perle, l'élément clé de la spiritualité de notre enfance reposait sur l'examen de conscience. Nous avons été éduqués à nous *auto regarder*, à nous *auto flageller*. Le chemin de la sainteté était de tout centrer sur nous-mêmes. Nous avons été éduqués à ne porter attention qu'à nos comportements inadéquats, pour les transformer en comportement plus évangéliques. Notre éducation a fait de nous des experts à broyer le noir, à brosser au quotidien le tableau de nos *misérables misères*.

Cette insistance sur l'analyse de nos *mois* (ce qu'on appelle l'examen de conscience), sur l'obligation de faire la liste ou l'inventaire de nos *misères* comme chemin pour améliorer notre sainteté, comme chemin pour progresser dans notre union à Dieu, même s'il n'est pas a rejeté entièrement, avait et a comme impact de ne plus voir ni apprécier le regard de Dieu sur nous. Nous ne pouvons favoriser deux regards à la fois, comme nous ne pouvons servir deux maîtres à la fois. Nous ne pouvons privilégier la *contemplation* de la perte de notre image et ressemblance de Dieu sans négliger la *contemplation* que nous valons beaucoup aux yeux de Dieu.

Un tel chemin, s'auto examiner, faisait poser à Pierre Chrysologue cette question : *Homme, pourquoi es-tu si vil à tes yeux alors que tu es si précieux pour Dieu ?* Un autre auteur spirituel ajoutait que si nous n'avions pas été si misérables, minables, nous n'aurions pas *humanisé* Jésus. Jésus nous doit beaucoup. Il nous doit son incarnation. Il nous doit son regard de beauté posé sur nous depuis cet instant où *Dieu vit que cela était bon*. En s'incarnant, Dieu est venu nous dire notre beauté intrinsèque. Il n'a cessé de nous dire : *souviens-toi de ta perle*. Il ne faisait que reprendre le chant des psaumes.

L'examen de conscience de Dieu, si je peux m'exprimer ainsi, porte constamment sur la beauté de son œuvre. La beauté de la perle qu'il a enfouie en nous. Envers nous, Dieu n'a été, n'est qu'extase. Et l'extase a cette propriété de nous sortir de nos *mois*. *Prenez-moi tout, mais laissez moi l'extase et je serai plus riche que mes semblables* (Emily Dickinson, femme de lettres américaine), je serai aussi riche que Dieu. Je serai lui. C'est le sens du fameux cri de Paul : *ce n'est plus moi qui vis mais Dieu qui vit en moi*.

Maurice Zundel n'a cessé de dire qu'en Dieu il n'y a qu'un regard de libération. C'est ça la Bonne nouvelle. Dieu ne nous regarde pas comme des parcelles de beauté, comme des *petits bouts de beauté*. Avec lui, c'est tout ou rien. C'est le *tout pour le tout*. C'est notre *tout* pour le *tout*. Notre *tout* peut nous sembler valoir moins que deux piécettes, comme celle de la pauvre veuve. Pourtant le geste de cette veuve qui a *tout* donné, lui a attiré l'émerveillement, l'extase du regard de Jésus. Pour notre *tout*, Dieu nous donne la joie d'être l'Époux de nos vies.

En portant notre examen de conscience sur le regard de beauté que Dieu pose sur nous, nous évitons à notre regard de se replier sur nous-mêmes, de nous renfermer, comme l'huître qui se sent menacée, et nous voyons nos vies se métamorphoser, se transsubstantialiser en Dieu. Nous progressons par ce chemin de l'extase, de sortie de nos *mois* en sainteté.

À votre contemplation : *souviens-toi de ta perle*. À travers cette admirable petite parabole du trésor et de la perle, Jésus nous dévoile son chemin de sanctification pour nous. Il passe par son chant du magnificat à notre endroit. Il nous magnifie pour ne pas nous fermer à notre beauté qui est sienne. C'est en lui laissant chanter son alléluia pour ce que nous sommes à ses yeux, que nous progresserons sur la route de la *sainteté*. Dieu a tellement faim de se nourrir de notre beauté intrinsèque qu'il nous donne son Pain parce que nous sommes déjà cette perle précieuse, nous sommes déjà son image et que lui s'enrichit de la nôtre. AMEN.

Dimanche de la dix-huitième semaine du Temps ordinaire
Matthieu 14, 13-21 : se nourrir de Dieu

Nous avons cette redoutable mission, cette mission inatteignable de *vivre comme des paroles de Dieu*. Cette seule affirmation devrait nous donner le vertige. Notre joie, notre bonheur, notre vocation, n'est pas de savoir quelque chose au sujet de Dieu (les agnostiques aussi connaissent quelque chose de Dieu en le niant) mais de le posséder en nous-mêmes. Il ne s'agit pas de démontrer l'existence de Dieu mais de le montrer. Il s'agit (et la manière d'agir de Jésus refusant de renvoyer la foule à jeun le confirme) de nous soucier des autres. *Si le parfum de ceux qui approchent le Christ n'embaume pas*, s'interroge saint Jean Chrysostome, *comment appellerons-nous alors ce parfum?* Il précise : *Si tu es chrétien, tu dois dégager l'odeur du Christ.* Comment? Cette page de Matthieu nous l'indique : en appréciant la nourriture que Dieu nous offre (du pain et du poisson) et en nourrissant comme Dieu. *Donnez-leur vous-mêmes à manger.*

<u>Nous nourrir de Dieu</u>. Nous ne finirons jamais de réaliser que pour nous nourrir de Dieu, cela semble tellement inconcevable dans notre société où tout coûte cher, tout se paie, *nous n'avons rien à dépenser, rien à acheter, nous n'avons qu'à manger de bonnes choses* (première lecture). *Vous qui avez soif, venez, voici de l'eau*. Avec beaucoup de réalisme, le texte ajoute : [nous] *dépensons de l'argent pour ce qui ne nourrit pas, pour ce qui ne nous rassasie pas.*

Depuis le début de la création, Dieu nous a, de mille manières, nourris de sa présence. Loin de refroidir son désir de se rapprocher de nous, de créer des liens avec nous, le comportement d'Adam l'a pressé de sortir à notre recherche. *Après avoir parlé par les prophètes*, l'incroyable, l'inimaginable se produit : pour nous dire sa présence, pour nous exprimer comment il a faim de nous, *il nous a parlé par son Fils. Il nous a tout dit par son Fils* (Jean de la Croix). Ce Fils, et c'est l'originalité de notre foi chrétienne qui laisse dans l'étonnement les autres cultures religieuses, a vécu une vie pleinement humaine, de la naissance à la mort. Il s'est fait humain. Un Dieu *touchable, palpable*, qui marche, mange, boit, se déplace, parle comme nous.

Jésus ne s'est pas contenté de naître. Il ne s'est pas contenté de se rapetisser, *lui qui était au commencement et par qui tout a été fait* (saint Jean), pour nous prouver à travers les âges qu'il était une présence réelle sur nos routes, Jésus a inventé ce quelque chose encore plus inimaginable, la trouvaille des trouvailles, il a nourri avec quelques pains une foule sans nombre. Il est devenu un Dieu qui s'est fait nourriture. Dans le désert, Jésus anticipait ainsi ce qui allait devenir le sacrement de sa présence réelle dans l'histoire. Jésus n'a pas seulement souhaité <u>vivre avec nous</u>, n'a pas seulement souhaité <u>vivre en nous</u>, il a choisi, par ce geste du pain multiplié, de nous exprimer qu'il voulait <u>devenir nous</u>, devenir chacun de nous, qu'il voulait être pour chacun de nous une *présence réelle*.

Si en célébrant Noël, si en célébrant Pâques, nous n'avons pas compris que nous étions devant une présence réelle de Dieu, Jésus nous le fait comprendre en nous disant : *Prenez et mangez*. Jésus a inventé cette immense merveille, ce *joyau incomparable*, dit Maurice Zundel, pour nous dire qu'il est vivant, qu'il continue à nous nourrir aujourd'hui, comme il l'a fait hier dans le désert.

Mais pour que cette merveille, ce joyau de notre foi, cette perle précieuse garde tout son sens, il faut y croire. Le père Buttet, dans son témoignage au Congrès eucharistique de juin 2008 à Québec, donnait l'exemple suivant : *Une petite fille de quatre ans, à qui l'on demandait si elle voulait aller à la messe avec ses parents qui fréquentaient régulièrement l'eucharistie ou avec sa tante «Toto», répondit sans hésiter : «avec Toto». Mais pourquoi, demande la mère? Avec toute la spontanéité d'un enfant, elle répondit : «parce qu'elle, elle croît»*. Et nous?

Maurice Zundel répétait souvent en parlant de l'eucharistie : *Vivez-en pour qu'on le sente*. Vivons-en de ce pain pour le montrer par notre vie : *vous tous qui avez soif, venez voici de l'eau*. Vous tous qui avez faim, venez *mangez de bonnes choses, régalez vous d'un repas savoureux* (première lecture). Savons-nous nous régaler de ce pain que nous offre cette table?

<u>Agir comme</u> Jésus. En nous disant : *Donnez-leur vous-mêmes à manger*, Jésus nous dit que nous ne pouvons pas partager ce pain dans la liturgie sans donner à manger aux affamés nombreux. Nous ne pouvons pas nous prosterner devant lui et lui dire, durant l'élévation : *Mon Seigneur et mon Dieu*, sans nous prosterner devant sa présence réelle cachée en chaque personne rencontrée. Dieu a faim de nous voir devenir comme lui, EUCHARISTIE. Il a faim de nous voir capable de montrer que la seule chose qui compte, c'est de reconnaître sa PRÉSENCE réelle de jour en jour, de toujours à toujours. Que cette eucharistie nous transforme en présence réelle de Jésus. AMEN.

Dimanche de la dix-neuvième semaine du Temps ordinaire
Matthieu 14, 22-33 : l'imprenable fragilité

Ce matin, devant nos yeux, des images fortes, des images qui ressuscitent : celle de l'ouragan *si fort qu'il pourfendait les montagnes* et du *murmure d'une brise légère*; celle d'une mer agitée, un monde agité, et celle d'une toute petite embarcation fragilisée par les vents contraires. Autant dans la première lecture que dans l'évangile, entre la force de l'ouragan ou la mer déchaînée, entre la brise légère et la petite embarcation, apparaît une *épiphanie* (un *fantôme*, dit Matthieu) de quelqu'un, tellement grand qu'Élie se couvre le visage, tellement inimaginable que Pierre veut vérifier s'il voit vrai. *Ordonne-moi de venir vers toi*.

Que comprendre de ces images du déchaînement de la nature d'une part et de notre fragilité ou de notre impuissance de l'autre, sinon ce qu'en exprimait Charles de Foucauld : *Dieu se sert souvent de vents contraires pour nous amener à bon port*.

Aujourd'hui, les vents contraires sont multiples. Ils se nomment pour nous chrétiens, et c'est étonnant dans une société qui développe la culture de la réussite, faiblesse, fragilité, brise légère. Pourtant, la faiblesse est une force où encore *Dieu est si grand qu'il se fait petit*, brise légère. *Dieu est si puissant qu'il peut se faire faible pour que nous puissions le trouver là où il demeure : dans nos fragilités* (Benoît XVI, *Message de Noël 2005*). Voilà bien ce qui est incompréhensible dans une société où la fragilité, ce qui est petit, n'a pas sa place.

En regardant ces images de force et de fragilité, de puissance et de faiblesse, une conviction doit nous animer : Jésus durant sa vie terrestre n'a pas combattu les tempêtes, il les a traversées. Il n'a pas combattu les puissants, il les a vaincus par son abaissement, son impuissance. Devant cette marche de Jésus sur les eaux agitées, c'est le cœur de l'Évangile, son mystère pascal, que nous contemplons. Nous n'avons pas à combattre les tempêtes, qu'elles soient personnelles, culturelles, politiques, religieuses, et qui existeront toujours, nous avons à les traverser.

Durant toute sa vie, Jésus a marché d'une tempête à une autre. Il les a traversées. Nous aussi, comme individu, comme Église, nous sommes impuissants devant les tempêtes de la vie, les nôtres. Impossible de les éviter. Elles viennent à nous. Il faut les traverser. Nous sommes impuissants devant ce déclin culturel, devant tant d'indifférence pour *les choses d'en haut*, pour l'avenir de gloire qui nous attend, mais nous pouvons réussir à traverser ces périodes de notre histoire avec la certitude que, dans ce déclin, se trouve Jésus. Nous sommes des gens de traversée. Des gens capables d'affronter toutes les morts pour en sortir ressuscités.

Cette page ouvre sur l'expérience mystique au suprême degré de tout disciple. La mystique pascale. Depuis le matin de Pâques, depuis notre plongée dans les eaux du baptême, *nous ne sommes pas seulement des êtres humains et mortels*, rappelait Paul VI dans son message pascal (1976), *nous sommes des chrétiens*. C'est notre héritage pascal. Que nous reste-il de cet héritage quand arrivent les tempêtes? Savons-nous entendre Jésus nous dire : *confiance, c'est moi, n'ayez pas peur!*

Les tempêtes sont les richesses de l'Église. Elles nous régénèrent. Pour parler en langage publicitaire : c'est la *spécialité de la maison*. Nous sommes nés d'une tempête, celle d'un vendredi saint. L'épisode de Jésus marchant sur les eaux, comme celui du matin de Pâques, nous montre que Jésus, loin de nous abandonner dans nos tempêtes, marche avec nous. Il les traverse avec nous jusqu'à nous inviter à le rejoindre avec confiance dans la tempête.

À votre contemplation : l'eucharistie nous a été donnée au cours d'un repas qui s'est terminé sur une tempête : trahison, fuite des disciples. Jésus ne l'a pas évitée. Il a transformé cette tempête, ce repas qui a mal tourné, en sacrement de sa présence, en victoire. L'eucharistie fait de nous des experts de transformation de nos tempêtes, *ces merveilles de Dieu*, en Magnificat. Le philosophe Philippe Jaccoter a ces mots d'une grande maturité et sagesse : *L'art suprême n'est pas d'oublier, d'effacer les troubles en se tournant vers les fleurs, c'est de tirer du pire un parfum.* Que nos cœurs, qui sont comme une vaste mer toujours agitée par les tempêtes, trouvent dans cette eucharistie paix et repos. AMEN.

Assomption de Marie
Luc 1, 39-56 : Marie saisie de joie

Comment parler de Marie? Aujourd'hui, l'Église nous invite moins à parler de Marie qu'à nous réjouir avec elle, qu'à nous laisser saisir par sa joie. Moins parler pour méditer, pour contempler, pour conserver sa joie dans nos cœurs.

Grande fut sa joie lorsque l'ange la salua. Grande fut sa joie quand elle éprouva en elle la venue de l'Esprit saint qui accomplit cette union merveilleuse du Fils de Dieu qui devient son fils. Grande fut sa joie de tenir dans ses bras ce fils, d'en prendre soin, de le voir faire ses premiers pas, d'entendre ses premières paroles. Grande fut sa joie au matin de Pâques, au milieu des apôtres, de le voir. Mais la joie que Marie éprouve aujourd'hui l'emporte, et de loin, sur toutes les autres.

Aujourd'hui, Marie peut dire : *j'ai trouvé, j'ai saisi celui que mon cœur aime*. Aujourd'hui, sa joie n'est plus une joie *humaine*, une joie selon la chair, mais une joie selon l'Esprit. Aujourd'hui, Marie retrouve *son* Jésus, pas seulement Jésus, mais le Père et l'Esprit. Elle arrive pour habiter chez Dieu. Elle prend place dans la Trinité. Marie, *première-née* d'une terre nouvelle, est introduite avec son corps dans le cellier où abonde *la bonne odeur du Christ* (2 Co). Aujourd'hui, et je paraphrase saint Bernard, l'Époux lui offre l'aromate des aromates qui ne peut être savouré que par sa mère, celle qui fut la plus proche et la plus intime de sa vie. C'est la joie des joies. Aujourd'hui, s'est dissipée pour elle l'ombre de la mort et Jésus, son fils, lumière née de la Lumière, se lève pour l'accueillir avec son corps spirituel dans son royaume.

Saintes femmes, la joie, la joie des joies de Marie entrant dans la gloire, partageant ainsi avec tout son corps l'intimité de son Fils, que cette fête de l'assomption nous donne à contempler, est plus facile à soupçonner qu'à vivre pour nous, qui sommes en chemin. Sa joie vient qu'en elle, rien ne manque de la perfection, de la beauté, de la gloire de Dieu que notre esprit humain à peine à concevoir, même chez celle qui fut la mère de Dieu. Nous avons peine à concevoir ce qu'est un chef d'œuvre de perfection humaine!

Cette joie que Marie nous offre à *garder dans nos cœurs*, est <u>magnifique</u>. Elle est Magnificat. Magnifique, parce qu'ayant à partager son corps avec celui de son fils, parce qu'ayant eu part aux souffrances de son fils, parce qu'ayant accompagné son fils sur la route de sa passion, parce qu'ayant eu le cœur transpercé comme lui prophétisait le vieillard Siméon, Marie, *enveloppée de soleil* (première lecture), connaît aujourd'hui la joie d'être *femme nouvelle, femme ressuscitée*. L'assomption, c'est l'autre nom de la résurrection de Marie. L'assomption, c'est le matin de Pâques au cœur d'une femme née de notre race.

Cette joie est <u>merveilleuse</u>. Elle ouvre sur l'émerveillement. Merveille, parce que la profondeur de sa joie vient de *sa puissance d'accueil* (saint François). Merveilleuse, parce qu'ayant dit : *OUI*, elle entend son fils lui dire maintenant : *OUI, je te veux près de moi*. Point d'arrivée ou point de départ d'une vie *en tenue de service*, la joie de Marie, comme l'exprime la liturgie syrienne, a pris naissance en elle quand y est entré *le Verbe qui en est sorti comme un Dieu incar-*

né. Merveilleuse, parce que Marie fut pour son fils et est pour nous *paradis terrestre du nouvel Adam* (Louis Marie Grignon de Montfort).

Quelle est grande et noble cette joie, signe, et qui fait signe à notre monde de regarder *vers les réalités d'en haut*! Qu'elle est belle cette femme qui s'élève dans les cieux déchargée de la mort et revêtue de l'éclat de la beauté d'une vie ressuscitée!

À votre contemplation : aujourd'hui, le ciel est illuminé des *choses d'en bas* (saint Bernard). Aujourd'hui, *la colombe s'est envolée dans la gloire, elle a trouvé où reposer ses pieds et s'est établie dans la terre sans tache de l'héritage d'en haut. Que les cieux se réjouissent, que les anges applaudissent* (saint Jean Damascène). Aujourd'hui, une femme réalise les béatitudes proclamées par son propre fils. En célébrant Marie, toute la liturgie de ce jour nous fait entrevoir que le but *de notre vie doit consister en quelque sorte à devenir une autre Mère de Dieu, afin que Dieu soit conçu en nous et naisse en nous* (Bienheureux Brandsma). Aujourd'hui, une mère, comme l'exprimera la préface, *guide et soutient l'espérance d'un peuple encore en chemin*. Aujourd'hui, elle nous attend dans cette vie de ressuscité si nous savons, comme elle, dire notre FIAT *quand Dieu nous choisit, ce FIAT quand il nous martyrise, ce FIAT quand il nous mène au sommet du Thabor ou dans les bras de la Croix* (Marthe Robin). Magnificat!

Vendredi de la vingt-deuxième semaine du Temps ordinaire
Luc 5, 33-39 : l'époux est avec eux

Qu'avons-nous compris de cette page où Luc rapporte que les disciples de Jésus n'agissent pas comme ceux de Jean? Qu'ils mangent, boivent, qu'ils fassent la fête. Il est important de bien comprendre parce que si nous voulons vraiment être des *intendants des mystères de Dieu* (1 Cor 4, 4), si nous désirons nous mériter la confiance du maître, il nous est demandé de délaisser nos vieilles habitudes, le texte dit *nos vieux vêtements*, pour nous donner des comportements de grande mobilité et souplesse qui dégagent un parfum d'un Évangile toujours nouveau, toujours rafraîchissant.

Questions : Comment vivre notre quotidien avec nouveauté, dégagé de la routine qui nous colle tellement à la peau? Routine qui nous sécurise, mais nous évite de nous laisser déranger par l'Évangile. Comment agir avec nouveauté, à l'heure où notre foi se vit sur du déjà appris, du déjà acquis? Comment, entre nous et avec les autres, laisser voir que l'Époux est avec nous et que nous en sommes épris jusqu'à adopter ses manières de vivre? Comment éviter des déchirures plus grandes seulement en peaufinant nos vieilles habitudes?

La réponse que nous donne Luc est simple, bien qu'extrêmement dangereuse. Cette page est une invitation à délaisser un comportement tout centré sur *l'apparence extérieure*, qui n'a aucune utilité; une invitation à cesser de clamer, sans vivre d'un *cœur nouveau et d'un esprit nouveau* (Ex 36, 36). Jésus, dans sa personne, débordait, dégageait, transpirait d'un *esprit nouveau*. Il était habillé d'un vêtement nouveau, d'une *tunique sans couture*. Il n'était pas un rapiécé.

Pour le dire dans des mots extrêmement dangereux, tant ils risquent d'être mal interprétés, c'est cela la nouveauté de l'Évangile que vient de nous dire Luc, Jésus ne défendait pas l'institution. Ce n'était pas son problème. Il ne prêchait jamais la doctrine. Ce n'était pas son problème. Il ne défendait jamais la loi. Ce n'était pas son problème. Il ne se demandait pas avant d'aider quelqu'un s'il était de sa race, de sa religion, s'il était chrétien. Ce n'était pas son problème. Jésus n'appartenait pas à une religion. Il appartenait à Dieu, à l'humanité. Il n'était pas un homme du sacré mais un homme humain, qui vit l'humain avec tout être humain, révélant ainsi la profondeur de l'humain qu'il a pris sur ses épaules. Jésus dépassait les frontières de la *religion*. Il rencontrait les gens tels qu'ils sont et non pas tels qu'il souhaitait qu'ils soient. Il n'agissait pas d'une manière avec un riche et d'une autre avec un pauvre. Voilà la nouveauté toujours actuelle de l'Évangile. Voilà la lutte toujours actuelle entre l'institution et la vie. Entre ce qu'il faut faire et ce qu'il faut être.

Jésus n'est pas venu rafistoler nos vieilles manières de vivre en placardant un tissu nouveau sur nos déchirures profondes. Il a opéré une radicale nouveauté en projetant sur nous un regard, non à partir de l'institution, mais à partir de ce qu'il y a de plus beau dans la loi : la miséricorde (Mt 23, 24). Agir autrement, c'est malmener l'Évangile. *Si quelqu'un est en Christ,* se réjouissait Paul, *il est une nouvelle créature. Les choses anciennes sont passées; voici, toutes choses sont devenues nouvelles* (2 Co 5,17).

À votre contemplation : n'écrasons pas *par nos jugements prématurés* (première lecture) la personne humaine. S'il y a un jeûne nécessaire, c'est bien de sacrifier nos tendances naturelles à ne voir que le *pas correct*, que la *non pratique* religieuse, pour favoriser un regard, non sur l'extérieur du vase, mais sur la beauté qui s'y cache. Une eucharistie inaugurale de mon retour chez vous pour porter à maturité en nous la fermentation de cet *esprit nouveau*. Cela exige que nos outres, nos personnes, puissent résister à la pression qu'exige cette nouveauté. Une eucharistie pour laisser Dieu fermenter nos cœurs d'un vin nouveau, pour transformer notre vie ensemble en *terre nouvelle*, et par grâce, *en noces de l'Agneau*. AMEN.

Vendredi de la vingt-troisième semaine du Temps ordinaire
Luc 6, 39-42 : la paille et la poutre

S'il y a une page d'évangile qui nous décrit très bien, c'est celle que nous venons d'entendre. Jésus met le doigt sur une réalité à laquelle nous sommes tous confrontés. Que nous le voulions ou non, nous sommes doués d'une vue extraordinaire pour voir les défaillances chez l'autre. Nous jouissons de grandes habiletés pour faire voir ce qui nous trouble et cela au nom, dit-on, de la *correction fraternelle*. Jésus nous dit aujourd'hui qu'un tel comportement est faux.

Nous sommes tous d'accord pour affirmer que nous ne sommes pas *parfaits* en théorie. Nous reconnaissons que nos regards sont embrouillés par nos *nous-mêmes*, qu'ils prennent beaucoup d'espace, qu'ils souffrent de cataracte. Mais quand vient le temps de le reconnaître, c'est autre chose... c'est l'autre qui n'est pas parfait. Voilà bien l'erreur. Ce qui est terrifiant dans cette page de la *paille et de la poutre*, c'est que nous ne cessons pas d'être humains, alors que nous pouvons l'être autrement.

Depuis l'événement Jésus, nous savons que nous vivons dans un monde qui est saint, bon, réconcilié, *sauvés dès maintenant en espérance* (Rm 2, 24). Pourtant, nous persistons à ressusciter le mal qui a été mis à mort, à ne voir que *la paille dans l'œil de notre frère*. Même si nous savons que tout brille de la lumière de Pâques, nous persistons à maintenir vivant le *vieil homme* qui a pourtant cédé la place en nous à une *créature nouvelle*.

Cette page nous confirme (comme si nous en avions besoin!) que ce qui nous est spontanément naturel, nos regards accusateurs, le vieil homme, refait continuellement surface en nous alors qu'a été déposé, par pure grâce, un autre regard, celui de la beauté.

Mais pour que ce regard-là, ce regard de beauté du monde, regard divin, puisse refaire surface en nous, il faut nous réconcilier avec la beauté qui se cache dans tout être humain. Nous avons le regard de ce que nous lisons, de ce que nous voyons. Selon ce que nous lisons, le *Journal de Montréal, La Presse, Le Devoir,* nous ne voyons pas la même chose. Ces journaux ajustent nos regards à leurs regards sur les événements. Nous pouvons aussi avoir le regard de ce que nous sommes. *Ne portez pas*, dit Paul, *de jugement prématuré, mais attendez la venue du Seigneur* (1 Cor 4, 4). Jésus n'a-t-il pas suggéré de ne pas séparer l'ivraie du bon grain? N'a-t-il pas suggéré la patience jusqu'à attendre l'heure de la récolte? Que serions-nous devenus si nous avions été *arrachés* trop vite?

Au nom du Christ, et je paraphrase Paul, laissons-nous réconcilier avec la beauté invisible de notre monde, de chacun d'entre nous. Offrons-nous des yeux de beauté, des yeux de Pâques, parce que, par grâce, Dieu nous a réconciliés en Jésus avec lui. Il nous a rendus beaux pour que nous voyions beau. Ne soyons pas naïfs, mais refusons ne de voir que le mal, que la faiblesse dans l'autre, cette faiblesse, dont vient de nous parler Paul, qui est notre seule force.

Saintes femmes, nous sommes divisés entre *le bien que nous voulons faire et le mal que nous ne voulons pas et que nous faisons* (Rm 7, 21-23). Nous sommes déchirés entre ce désir de *mieux vivre*, de mieux être des *paroles vivantes de Dieu*, des *autels vivants* (Benoît XVI à Sydney) en ne voyant pas la poutre dans l'autre; et en même temps, nous éprouvons ce *malaise de vivre* en ignorant la paille dans nos regards? Nous sommes divisés entre l'égoïsme et l'amour, entre nous servir et servir. Qui pourra nous réconcilier avec notre identité d'image et de ressemblance de Dieu?

À votre contemplation : la poutre que nous voyons si facilement prend racine dans nos cœurs. C'est en nous que ce combat prend naissance. C'est en nous-mêmes qu'il y a des divisions. C'est de là que naissent querelles et discordes que nous observons dans notre société (*Gaudium et Spes*, # 10)! Quotidiennement, nous faisons l'expérience de nos limites tout en désirant nous offrir une vie de *sainteté*. Une eucharistie pour que nos cœurs se dilatent, se transforment en Évangile parce nous avons à cœur de nous laisser brûler au feu de son amour. AMEN.

Vendredi de la vingt-quatrième semaine du Temps ordinaire
Luc 8, 1-3 : des femmes accompagnent Jésus

Si on lit l'évangile avec les yeux du cœur, il faut reconnaître que Jésus est souvent déroutant, mais aussi, et surtout, qu'il est sûrement attachant. Preuve en est dans ces femmes qui accompagnaient Jésus. Quand nous considérons qu'elles n'étaient pas toutes des *saintetés*, une question surgit : pourquoi suivaient-elles Jésus ? Qu'avaient-elles à gagner à quitter leur condition sociale qui les sédentarisait pour devenir des *marcheuses* sur les routes ?

Partout, dans les évangiles et chez saint Paul, nous voyons clairement le contraste entre la foi des disciples, une foi bégayante faite d'élan et de reniements, et celles des femmes, une foi silencieuse, inventive, non en paroles –elles ont peu ou pas parlé–, mais elles ont beaucoup regardé Jésus. Elles furent les premières contemplatives de l'histoire. Elles ont ajusté leur vie, leur pensée à la pensée de Jésus sur le monde. Elles devinaient, pour citer Isaïe, que le Seigneur était avec eux : *Ne crains pas je suis avec toi!* Comme l'exprime un verset du psaume 118, Jésus ne les a pas déçues : *Accueille-moi Seigneur selon ta parole et je vivrai. Ne déçois pas mon attente!*

Comme la Cananéenne, celle souffrant d'hémorragie (Mt 9, 22), ces femmes –l'énumération de leur nom en très révélatrice– ont tellement eu foi en Jésus qu'elles l'ont mis au jour en lui donnant, par leur accompagnement, par leur présence, de l'importance. Comme Marie, elles furent tellement des *mères* qui ont cru en Jésus, *heureuses celles qui ont cru* (Lc 1, 45) qu'elles se sont oubliées. Elles *ont beaucoup travaillé pour le Seigneur* (Rm 16, 6.12a.12b.15). Pour les gratifier de leur présence à l'heure de sa Passion (Mt 27, 56. 61; Mc 15, 40), Jésus en fit –à travers Marie Madeleine– pour citer Salomon, des *parfums répandus*, des *parfums du ressus-cité*. Le parfum qu'elles ont répandu au matin de Pâques, écrit Jean Grenier, *leur cri «Christ est ressuscité»*, nous le respirons encore.

Saintes femmes, –devrai-je plutôt dire sainte Église!– quand comprendrons-nous que pour elles, Jésus était une *aventure* à vivre avant d'être une *organisation* à adopter. Que le suivre signifiait une rupture avec une *structure* religieuse. Une rupture avec une spiritualité du *faire*, du *paraître* qui mobilisait toutes les énergies pour privilégier *l'humain*. Ne nous contentons pas d'une lecture, d'une catéchèse toute spirituelle de cette page. Elle risquerait alors de nous faire passer à côté de l'Évangile.

Jésus en sa personne a réconcilié toutes nos divisions (Gal 3, 27-28). Il ne s'est pas contenté d'accueillir des femmes parmi ses disciples. Il leur a donné de la dignité, les a rendues *personnes* dans la société d'alors, dans la religion d'alors. Devant ces femmes, Jésus se présente à 100 % humain. Il ne s'est pas contenté de seulement les encourager. Pour lui, la vie est prioritaire à la loi. Pour lui, le droit de penser autrement n'entraînait pas une condamnation ou excommunication automatique. Ces femmes qui accompagnaient Jésus, ce n'est pas défendu (?)

de le soupçonner, l'ont aussi influencé. Elles lui ont ouvert les yeux sur l'inacceptable. Ce chemin demeure aujourd'hui une urgente mission.

À votre contemplation : autour de nous, dans notre Église, des femmes peuvent reprendre et signer de leur vie, ces mots du prophète Jérémie : *Il y a en moi comme un feu dévorant, au plus profond de mon être*. La rencontre de Dieu, personnelle autant qu'ecclésiale, sera toujours une véritable mise en route qui, de transformation en transformation, risque de nous entraîner bien au-delà de ce que nous pouvons imaginer ou concevoir. Pour bien manifester que, dans sa personne même, il était *vie nouvelle*, *humanité* nouvelle, *société* au comportement nouveau, Jésus n'a pas craint de faire éclater les limites de la loi que nous voudrions lui imposer.

Une eucharistie pour partager la *foi sans détour* (Jean Paul II, *Mulieris dignitatem*, §27) de ses femmes qui étaient hier, sont aujourd'hui et seront demain, selon la belle expression de Bloch, des *créatures en espérance*. *Contre toute espérance, nous espérons* (Rm 4, 18). AMEN.

Fête de la Croix du Christ
Jn3, 13-17

Quelle grande chose que de posséder la Croix! Celui qui la possède, possède un trésor» (Saint André de Crète, *Homélie X pour l'Exaltation de la Croix*). La croix, un trésor? Voilà bien une expression paradoxale. Choquante. Il est heureux qu'il en soit ainsi. Tout ce qui choque attire notre attention. Ce qui attire notre attention ce matin (nous sommes tellement habitués à entendre cela qui nous n'y portons plus attention) c'est que *la vie surgit d'un arbre qui donnait la mort* (préface). Ce qui attire notre regard de priant, c'est que pour vivre autrement, pour vivre pleinement d'une vie nouvelle autre que celle de nous entretuer, il faut regarder un crucifié. *Pour être guéris, regardons le Christ crucifié*, disait Augustin.

Pour affirmer que la croix, signe de souffrance, de torture, signe de mort, est un *trésor d'évangile*, qu'elle est *glorieuse*, il faut changer, comme l'invite la première lecture et l'évangile, notre regard sur elle. Autrefois, nous a dit la première lecture, il suffisait dans le désert que le peuple d'Israël puisse tourner leur regard vers le serpent de bronze, symbole de mort, pour éviter la mort. Aujourd'hui, il suffit d'élever notre regard vers la croix pour vivre. *Par ta croix, tu nous rends la vie* (Ps) La croix nous offre une direction de salut.

Questions : Comment pouvons-nous transformer un outil qui donne la mort en un lieu où surgit une source de vie, une direction de salut? Comment pouvons-nous appeler *gloire* une croix? Saint Paul, qui affirmait aux Galates ne pas trouver *sa gloire ailleurs que dans la croix du Christ* (Gal 6,14), vient de donner, dans la deuxième lecture, ce qui est l'essentiel de notre réponse : Jésus s'est abaissé pour nous élever. *Devenu semblable aux hommes et reconnu comme un homme à son comportement, il s'est abaissé lui-même en devenant obéissant jusqu'à mourir, et à mourir sur une croix. C'est pourquoi Dieu l'a élevé au-dessus de tout; il lui a conféré le Nom qui surpasse tous les noms.*

Il ne suffit pas de nous émerveiller devant ces bras étendus qui nous accueillent, qui nous entourent de son amour, devant ce *trophée dressé contre le mal* (Saint-Jean-Chrysostome), devant cet abaissement de Jésus; il s'agit d'entrer dans *ce mystère de salut* (Jn 3, 17). Rien n'est moins évident!

Il est très significatif d'observer qu'il y a 150 ans, c'est par le signe de croix que Marie s'est présentée à une enfant pauvre, inconnue, Bernadette Soubirous. Ce fut, et cela demeure un geste catéchétique, geste synthèse de notre foi, qu'exprimait Marie à une illettrée comme le *geste chemin* qui éveille à la foi.

Saints hommes, saintes femmes, ce matin, entrons dans ce *mystère du salut* en apprenant à tracer avec beauté sur nous le signe de la croix. Il y a dans ce signe toute l'histoire du monde, celle de la Bible, de la Genèse jusqu'à l'Apocalypse. Il y a dans ce signe toutes les alliances de morts : *Mon Dieu, pourquoi m'as-tu abandonné*? C'est notre cri. Il y a dans ce signe toutes les pâques : *ce soir, tu seras avec moi en paradis*. Il y a dans ce signe un cri de mort qui devient cri de la bonne nouvelle. Cri de libération.

Le tracer, c'est un <u>acte de foi</u> : nous proclamons que Jésus a aimé le monde jusqu'au bout pour nous donner la vie. Nous proclamons l'Évangile. Nous proclamons que nous sommes morts à nous-mêmes. Le tracer, c'est un <u>acte de consécration</u> : un petit sacrement que nous avons à notre portée et qui transforme toutes nos petites croix et aussi les grandes, en chemin de libération. De résurrection. Le tracer, c'est un <u>acte de reconnaissance</u> parce que *Jésus ne donne jamais sa croix sans donner son amour* (Marthe Robin).

À votre contemplation : la croix n'est pas seulement un beau geste plein de signification, geste qui nous *glorifie*, c'est accueillir une personne qui donne sa vie, et même trois personnes. Elle fracasse toutes nos fausses images de Dieu pour faire resplendir son vrai visage : un Dieu dépossédé de lui-même, qui n'est que don. À notre tour, quand nous faisons ce signe de la croix, nous nous dépossédons de nous-mêmes et laissons le Christ, non seulement ressusciter en nous, mais ressusciter toute l'histoire, toute l'humanité et tout l'univers. Ouvrons tout grand nos yeux du cœur sur cette eucharistie *offrande d'amour* de Jésus pour que *tout homme qui croit en obtienne la vie éternelle* (évangile). AMEN.

Vendredi de la vingt-cinquième semaine du Temps ordinaire
Jn 12, 24-26 : les martyrs canadiens

Une fête non pour réfléchir sur une histoire passée, mais pour contempler aujourd'hui un itinéraire non révolu. Il s'agit moins de savoir <u>qui étaient</u> ces martyrs (Jean de Brébeuf, Isaac Jogues et leurs compagnons), mais bien <u>qui sont-ils</u> pour nous? Que nous disent-ils aujourd'hui? Ils nous disent –et quelle parole pour notre aujourd'hui de foi tellement perturbée!– que *rien, ni la détresse, l'angoisse, la persécution, la faim, le danger, le supplice ne peut nous séparer de Dieu* (première lecture).

Tout ce qu'ils ont accompli part de cette certitude qu'ils étaient chacun, personnellement aimés de Dieu. Ils savaient que pour eux, Dieu *n'a pas refusé son propre Fils* [et qu'] *il l'a livré* (Rm 8, 32). Une telle affirmation n'était pas une théorie, une opinion, mais un amour qui les a tellement bouleversés et transformés qu'ils ont quitté leur terre natale en sachant très bien ce que les attendait ici. Ils ont faits leur ce qu'avait exprimé Paul : *Prends ta part de souffrance pour l'annonce de l'Évangile* (2 Tm 1, 8).

Questions : aujourd'hui, oserions-nous comme eux, nous inscrire à une école qui afficherait comme programme : *Échec assuré* ou *Risque de rejet par la société*? Acceptons-nous de voir en eux la beauté d'une vie *sacrifice*, une vie *sacrifiée* pour une cause? Pouvons-nous, non en théorie mais en acte, affirmer que d'être *jeté en terre* est incontournable pour implanter la foi dans les cœurs de nos jeunes? Cette voie n'est pas facultative. Elle est au cœur et au centre de l'Évangile. Il n'y en a pas d'autres. *Dans le monde, vous aurez la tribulation* (2 Cor 1, 4), dit Paul, *mais gardez courage, j'ai vaincu le monde* (Jn 16, 33).

Une hymne liturgique, que nous chantons à Laudes le samedi (deuxième semaine), décrit très bien ce que ces martyrs d'ici ont été pour nous : *Tu es venu pour montrer le chemin de Dieu et ton calvaire ouvre le ciel. Tu es venu réjouir les enfants de Dieu et tu changes notre eau en vin. Tu es venu comme un feu et ta lumière s'embrase en toi.*

Aujourd'hui, nombreux sont ceux et celles qui préfèrent interpréter la passion du Christ de telle manière qu'elle nous dispense de suivre la même voie. Dans cette logique, Jésus aurait pris la croix pour nous l'épargner. Ces martyrs nous rappellent, à nous qui vivons cette période mouvementée de notre histoire de foi, que Jésus ne nous a jamais exemptés de la croix. Être jeté en terre est inéluctable. Faire l'économie de ce chemin, annoncer un Christ sans croix, c'est nous égarer de l'Évangile. Ce n'est pas chrétien.

La tentation, aujourd'hui, d'affadir, d'affaiblir, d'atténuer le message du Christ pour ne pas choquer est omniprésente. Que ce soit la subtile persécution que vivent de par le monde des chrétiens, que ce soit, ici, ce devenir petit après avoir connu la gloire d'une Église toute-puissante, la croix n'est pas une étape passagère, un moment passager de notre histoire, c'est un chemin d'évangélisation. Tout autre chemin nous fait des *persécuteurs d'Évangile*.

À votre contemplation : dans une société marquée par la mondialisation, la recherche de la toute-puissance, devenir ce *grain de blé* est une mystique qui passe par la contemplation de la croix dont nous avons célébrée il y a peu *sa gloire*. Le temps des *chrétiens sociologiques*, parce que les structures sociales l'exigeaient, est passé. Le temps des tièdes, que le Christ *vomira de sa bouche* (Ap 3, 16), est révolu. Voici le temps d'aller jusqu'au bout de l'Évangile. *Si le grain de blé meurt, il portera beaucoup de fruits*. C'est le chemin que nous offre maintenant l'eucharistie où nous sommes invités à changer de vie. Celle que nous donnons n'est rien si nous contemplons celle que nous recevons dans ce pain. Mystère de disproportion inouïe entre la vie que nous donnons et celle d'une vie pleine, d'une vie de ressuscité que nous recevons en retour. *Qui mange de ce pain ne mourra jamais.* AMEN.

Vendredi de la vingt-sixième semaine du Temps ordinaire
Baruch 1, 15-22; Luc 10, 13-16 : fête de Saint Jérôme

Celui qui vous écoute m'écoute. Écouter ne sera jamais une mince affaire. Jésus lui-même confirme cela : *Prenez garde à votre manière d'écouter* (Lc 8, 18). C'est un véritable combat. *Prépare-toi au combat comme un brave* (première lecture). C'est une lutte jamais accomplie. Pas facile d'écouter quand nos cœurs, nos pensées débordent de milliers de choses. Cela requiert –et c'est une pure grâce- de faire le vide, de devenir sourd, muet et aveugle à nos *nous-mêmes*. L'écoute ne va pas sans une certaine mort, sans délaisser ce cadre narcissique qui marque nos vies. C'est la première difficulté.

Deuxième difficulté : pas facile d'écouter quand le messager ne parle pas *comme une parole de Dieu,* ne vit pas comme une parole de Dieu. Quand le messager, vient de nous dire la première lecture, *défigure la Providence* (Jb 38, 2) en ne portant son regard –et c'est cela qui se dégage de la conversation entre Job et Dieu– que sur le visible, le temporel, les choses d'en bas. Mais Job a refusé de tempêter contre Dieu qui lui arrachait tous ses biens. Il n'a pas défiguré Dieu.

Troisième difficulté : pas facile d'écouter et d'être écouté quand *nous demandons tout au client*, exprimait le Cardinal Vingt-trois à Budapest en 2006, lors d'un congrès sur l'Évangélisation des grandes villes. Une certaine publicité en Europe dit : *si vous pensez au prix, vous n'êtes pas notre cible préférée*. Traduit en langage évangélique : *si vous n'êtes pas prêts à tout quitter, vous n'êtes pas la cible préférée de l'Évangile*.

Cette page, où Luc décrit l'accueil des habitants de Corazine et de Bethsaïde et qui suit l'envoi des 72 disciples deux par deux, est très actuelle. Comme les habitants de ces villes plusieurs fois visitées par Jésus, nous prétextons le manque de miracles pour ne pas croire. Nous nous arrêtons sur la faiblesse des messagers, voire leur trahison. Nos regards s'attardent sur des signes extérieurs. Des condamnations extérieures. Nous ne savons plus voir qu'en chaque personne, en chaque envoyé, qu'en chaque terre rocailleuse ou asséchée, Dieu a ensemencé avec générosité une graine de sainteté. C'est ce qu'exprime la parabole du semeur dont nous avons entendu la lecture ces derniers jours.

Saintes femmes, les risques de faire ombrage à la Parole sont nombreux. Ils viennent de nous. Ils viennent aussi du messager. Pour écouter, pour accueillir l'Évangile, il faut nous questionner sur ce que nous mettons à la première place dans nos vies. À qui appartenons-nous? A quelle cité appartenons-nous? Celle de la terre ou celle de ciel ? Portons-nous plus attention au messager ou à son message? Désirons-nous plus les choses d'en bas que celles d'en haut ?

Il n'y a pas de tâche plus belle que celle d'être *envoyés* pour annoncer Jésus dans *toutes les villes ou villages*. Il n'y a pas de ministère plus prestigieux que celui d'aller *deux par deux* pour ne pas nous concurrencer mutuellement, pour ne pas être compétitif, mais pour montrer la faisabilité de vivre ensemble, la faisabilité d'ériger une terre neuve, une terre ensemencée par l'Évangile.

Mais ce qui est admirable dans ce passage, c'est que Jésus prévient ses disciples, –et quelle délicatesse!– qu'ils auront à affronter comme lui, le mystère de la liberté. Les miracles accomplis, l'enthousiasme des messagers ne forceront jamais l'adhésion au Christ. Ce mystère fait notre dignité. Il dit la noblesse de Dieu de ne pas s'imposer aussi. C'est librement que nous choisissons de sortir de nos *Égypte* (Ex), de nos terres d'exode en dehors de nous-mêmes, pour entrer dans une terre neuve, le pays que je t'indiquerai. C'est librement, pour citer une thèse récente de Marcel Gauchet, que *nous sortons de la religion pour entrer dans la foi.*

À votre contemplation : si nos voix n'arrivent pas à pénétrer dans les Bethsaïde ou Corazine de notre monde, ce n'est pas parce que ses habitants ne veulent pas de nous. C'est parce que nous ne croyons pas assez que notre trésor peut les rendre heureux. Parce que nous ne croyons pas assez que l'Esprit saint travaille déjà les cœurs et les prépare timidement, presque en cachette, comme Nicodème, à connaître le Père. Parce que nous ne saisissons pas clairement que notre enthousiasme est une semence qui peut infiltrer les cœurs à premières vues de pierres ou fermés à l'Évangile. Une eucharistie pour nous aider à ne pas atténuer la radicalité de l'Évangile. AMEN.

Vendredi de la vingt-septième semaine du Temps ordinaire
Luc 11,15-26 : nos Béelzébouls

Pour entendre cette page, ne faut-il pas avoir éprouvé en nous-mêmes l'impasse de nos vies divisées, tiraillées? L'impasse de tout royaume divisé contre lui-même. C'est la marque de commerce de nos vies. Dès l'origine du monde, Caïn tua Abel, son frère. Depuis ce fameux combat de Jacob (Gn 28, 12), nous avons tous une blessure à la hanche. Notre histoire sainte est une histoire permanente de division, de déchirements entre la puissance des Béelzébouls et celle de la belle harmonie entre humain.

Comme chercheurs et chercheuses de Dieu, nous réalisons chaque jour que nos vies s'inscrivent dans un itinéraire de combat entre des attachements aux choses de la terre, ce royaume de l'éphémère *qui est a notre portée* (Paul), des béelzébouls, et notre incapacité d'embrasser l'infini, cette *science de l'amour* (Thérèse de Lisieux). En nous, vient de nous le montrer Luc, il y a un combat que le Fils de l'homme, Jésus, a fait sien.

N'est-il pas étonnant d'observer que l'auteur même du royaume est accusé de le détruire? N'est-il pas encourageant de savoir que le seul homme parfait, non pas de la perfection à laquelle nous rêvons tant, mais de la perfection d'une vie désappropriée d'elle-même (ou de lui-même ?) soit confronté à la conséquence du péché? Jésus, lui, qui n'a jamais cessé de nous dire à mots couverts, son identité, le voilà accusé d'être de connivence avec Sa-tan. Jésus, lui, la véritable lumière, a porté avec souffrance ce combat d'être vu du coté des ténèbres. Quelle humilité, nous dit Silouane, d'observer que Jésus, justement parce que né de Dieu, justement parce que marqué de l'Esprit de Dieu, devient dans sa personne même, la cible privilégiée, le terrain le plus propice à l'éclatement au grand jour de ce combat. Si Jésus a vaincu le mal, cette page confirme qu'il ne l'a pas éliminé pour autant. Dieu respecte même son ennemi.

Mes saintes *démones*, nous avons en nous deux cœurs : un qui dit OUI et l'autre qui dit NON. Nous avons en nous un cœur qui se dit et qui se contredit. C'est au fond l'expérience de Paul : *Je fais ce que je ne veux pas faire et ce que je veux faire, je ne le fais pas*. En nous, entre nous, ici au sein de la *plus belle communauté Jésus-Marie* (dixit ma sainteté des saintetés), les divisions existent. Quand surgissent les divisions, qu'elles soient intérieures ou extérieures, et qui nous font mener une vie d'enfer, il faut réaliser –et c'est ça la sainteté!– que nos bonnes volontés semblent faibles, dérisoires devant les attaques de nos *béelzébouls*. Chaque jour, chaque instant, il nous faut maîtriser nos volontés de puissance, de jalousies, de susceptibilités, de vieilles blessures.

Le combat n'est pas de choisir entre le bien et le mal, entre l'amour de l'autre ou son exclusion (ce qui serait tellement plus facile!), mais porte sur le discernement de notre chemin de vie, sur son invention au jour le jour. Nous sommes des *consacrée* à une lutte permanente entre la recherche de son royaume, de son Évangile et celui de nos *petits royaumes* qui ont noms tantôt de cette recherche démesurée de soi, tantôt de prendre la première place, de se faire valoir par la *complainte des gens heureux,* chante le poète. Dans nos doubles cœurs, se logent à la fois un appel vers ce quelque chose de plus grand, de plus noble et cette attirance vers le moins noble, le plus bas.

À votre contemplation : devant le malin qui est fort, habile, je ne fais pas la maligne, disait la petite Thérèse. Devant le malin, nos fragilités et non l'orgueil de réussir, sont les armes pour le vaincre. Mais sachons –et ce sont des mots très forts que disait aux jeunes de Toronto, Jean-Paul II– que *nous ne sommes pas la somme de nos faiblesses et de nos échecs. Au contraire,* dit-il, *nous sommes la somme de l'amour du Père pour nous et de notre capacité réelle à devenir l'image de son Fils*. François Mauriac écrivait magnifiquement: *Désormais les plus souillés des êtres savent qu'il leur appartient d'être les plus aimés parce qu'ils ont été les plus souillés*.Dans nos cœurs humains, il y a une aspiration, un appel vers quelque chose de plus grand, de plus noble que l'eucharistie seule peut combler. AMEN.

Vendredi de la vingt-huitième semaine du Temps ordinaire
Luc 12, 1-7 ; Éphésiens 1, 11-14 : vivre autrement, sans crainte

Vous avez écouté la bonne nouvelle de votre salut ? (Ep 1, 12). Cette bonne nouvelle dont parle Paul, c'est d'avoir reçu ce don merveilleux d'entendre l'évangile nous dire que *nous valons plus que tous les moineaux du monde*. Et Paul ajoute –ce n'est pas rien– que nous sommes *devenus croyants*. Nous y avons cru. Voilà ce qui nous fait vivre : croire, malgré nos démoneries, que *nous avons du prix à ses yeux*. Croire que Dieu ne cesse de nous grandir alors que nous ne cessons d'être convaincus et de clamer –serait-ce de l'orgueil!– que nous ne valons rien à ses yeux.

Cette bonne nouvelle –nous valons tellement que le Fils de Dieu y a laissé sa vie, nous valons tellement que nous avons été des invités à prendre place à une table d'honneur (Mt 21, 1-14)–, Dieu ne se contente pas de nous la dire une fois, deux fois. Il nous la redit sans cesse : *Vous qui avez été portés dès la naissance [...] jusqu'à votre vieillesse, je resterai le même, jusqu'à vos cheveux blancs, je vous soutiendrai. Je l'ai déjà dit. Je vous soutiendrai, je vous délivrerai* (Is 43, 3-4).

À cette bonne nouvelle que *Dieu nous a destiné à devenir son peuple* (première lecture), tant nous valons à ses yeux, l'apôtre Paul en ajoute une autre, comme si ne n'était pas suffisant : *vous avez reçu l'Esprit saint en vue de votre délivrance*. En vue *d'être louange et gloire*, cette mission qui a tellement fascinée Élisabeth de la Trinité.

Saintes femmes, il faut aller plus loin que de recevoir avec enthousiasme le propos de Paul. C'est facile de s'enthousiasmer. Il faut aller plus loin que de vivre *religieusement* cette déclaration de Jésus que nous comptons beaucoup à ses yeux. C'est relativement facile d'être appréciés. Il faut que la parole de Dieu nous inspire un art de vivre à chaque instant de nos vies.

Cet art de vivre, l'évangile vient de nous en préciser une double manière. Grâce à *l'Esprit saint qui vient au secours de notre faiblesse*, de nos démoneries, nous libérer d'une vie d'apparence de sainteté, d'apparence de bonnes religieuses, d'une vie de façade que Luc appelle *l'hypocrisie des pharisiens*, pour mener une vraie vie de disciple, une vraie vie mystique. Une vie configurée à Jésus et non à nos volontés.

Cet art de vivre passe aussi par une libération de nos peurs, de nos timidités de témoigner de Jésus. Vivre sans crainte, sans peur, sans timidité est un art de vivre non seulement humain, mais évangélique. La parole de Dieu nous fait vivre autrement notre vie. Elle nous transfigure, ouvre sur un art de vivre qui prolonge la vie. (C'est dans les communautés religieuses que nous trouvons des *jeunesses âgées* et vigoureuses.) Vivre autrement l'Évangile non en se contentant de se dire chrétien, mais en l'étant. Vivre autrement, c'était le thème d'une série de cinq émissions la semaine dernière à Radio-Canada. L'essentiel tournait autour de la méditation, cet exercice d'évacuation du stress de la vie comme chemin pour vivre épanouis, pour guérir du cancer. Vivre autrement dans un monde tiraillé par le consumérisme, l'hédonisme et où le racisme se porte très bien.

Vivre autrement. L'appel de Luc, *ne craignez pas les humains*, est d'une grande actualité. Ce *cri devient pour chaque chrétien une invitation insistante à se mettre au service du Christ* (Benoît XVI, *Homélie ouverture du Synode 2008*). Il faut combattre la peur de parler, d'annoncer l'Évangile sans crainte d'être accusés de prosélytisme. Il faut respirer d'une parole neuve, d'une parole autre que de répéter ou restaurer le passé.

Ne craignez pas, malgré votre âge, de poursuivre l'audace de Mère Marie Rose. Faîtes vôtre cette demande exprimée au Synode, d'être, dans la lignée de Mère Marie Rose, des maîtres en éducation de la bible, de la parole de Dieu en donnant le goût de la lire parce que pour vous, elle a du goût. Cette mission-là est une grande mission que personne d'autre ne peut faire à votre place.

À votre contemplation : cette bonne nouvelle doit être expérimentée. Ne la séparons pas de notre quotidien. Elle est *une boussole qui indique la voie à suiv*re (Benoît XVI). Notre avenir, l'avenir de notre Église, de notre foi, consiste à nous laisser travailler par elle, à nous laisser modeler par cette parole qui transforme maintenant ce pain et ce vin en eucharistie. AMEN.

Samedi de la vingt-huitième semaine du Temps ordinaire
Luc 10 1-9 : fête de saint Luc

Cette page s'adresse à chacun d'entre nous et non seulement aux *soixante-douze*. Elle offre à notre contemplation l'identité de tout *envoyé*. Elle ramasse en des mots bibliques tout ce que j'exprimais tantôt sur l'art d'être des bénévoles auprès des psychiatrisés : *Ne rien emporter, se désarmer, se faire pauvres, et, dans cet état, se savoir «agneau au milieu des loups»*. Et comme si cela n'était pas suffisant, Jésus ajoute : il faut leur **annoncer la paix**. Annoncer Jésus, évangéliser notre monde n'est possible qui si l'envoyé dégage une grande paix intérieure. Avant de prendre la parole pour dire Jésus, il faut que nos personnes répandent un parfum de paix. C'est le premier fruit à porter à notre monde. C'est notre première mission aussi.

Écoutons ce que vient de nous dire Luc. Notre paix intérieure ira saluer la paix qui existe à l'extérieur de nous : *Votre paix ira reposer sur cet ami de la paix*. Pour Luc, tout envoyé, tout bénévole doit d'abord, dans sa personne, avoir *tué la haine de son cœur*. Tuer la haine, c'est laisser le Christ peindre en nous son image (Saint Colomban (563-615), moine, fondateur de monastères). C'est goûter une vie dégagée de toute animosité, rancune, amertume, inquiétude ou souci de santé. C'est n'être inquiet de rien *–ne soyez inquiets de rien* (Ph 4, 6)–, n'avoir plus rien qui nous agite, tiraille, tenaille, jusqu'à transformer notre quotidien en *joyeuse célébration d'un premier sabbat* (Aelred de Rielvaux). Tuer la haine ne s'obtient qu'après avoir gravi la montagne de la prière, qu'après un long travail de désappropriation de nos soucis pour devenir *libre de soi* (Zundel). Tuer la haine *c'est quelque chose*, dit le sage Dalaï-lama, *qui doit commencer au-dedans de nous*. Tuer la haine, taire l'animosité, réduire à néant l'ensemen-cement de nos bouleversements, de nos angoisses qui risquent à tout moment de prendre racine en nous, c'est le chemin qui fait des miracles parce qu'il dégage et confirme que *le Christ est notre paix* (Ep 2,

13). Tuer la haine laisse voir que nous laissons Dieu nous émonder, que nous avons *jeté en lui tous nos soucis car il prend soin de nous* (1 P 5,7; Ps 54, 23).

Si tu acquiers cette paix, dit Séraphin de Sorov, *des milliers d'autres autour de toi trouveront le salut*. Il ajoute : *Aucun bonheur terrestre provisoire ne peut la donner. Elle est donnée d'en haut par le Seigneur lui-même. C'est pourquoi elle a pour nom la paix du Seigneur* (Entretien avec Motovilov, Arfayen, 2002, p.14).

Si nous continuons la lecture, nous entendons Luc affirmer que ceux et celles qui entrent en contact avec cette paix, expérimentent –et c'est très fort– que le *règne de Dieu est déjà là*. Le règne de Dieu est là, à portée de la main pour les autres, pour vos psychiatrisés parce qu'il est en vous. Le règne de Dieu est à la portée de leur main quand vous leur offrez à voir, à désirer votre paix intérieure. Faire l'expérience mystique de la paix est un pont qui relie ensemble le calme que vous dégagez et l'agitation que vous rencontrez; la sérénité que vous répandez et l'angoisse des cœurs blessés. La paix intérieure est la thérapie que Dieu leur offre par votre bénévolat. Quand vous entrez dans cette Maison d'Émilie, dites simplement : *Paix à cette maison*. Cette paix fait obstacle aux perturbations que vous rencontrez.

Cette page est une lutte entre la paix que vous dégagez et les souffrances que vous rencontrez. Quand vous êtes désarmés devant la puissance de la souffrance, de l'agitation, mais que vous êtes capables de préserver en vous cette paix, vous possédez alors un pouvoir de guérison, de transformation, vous possédez ce pouvoir divin d'écraser les forces du mal. *Je vois*, dit Jésus au retour des disciples qu'il venait d'envoyer en mission, *Satan tomber du ciel comme l'éclair* (Lc 10, 18). Oui, le *règne de Dieu est là*, dans cette Maison d'Émilie quand vous y offrez à voir la paix de Dieu à travers votre bénévolat.

À votre contemplation, ces mots très simples, tellement humains, désirés, recherchés : *quand vous entrez, dites paix à cette maison. Il n'y a rien de meilleur à offrir que cette paix par laquelle*, dit Séraphin de Sorov, *sont détruits tous les assauts des forces du mal*, tous les assauts de la souffrance, de *ces rêves brisés* (titre d'un livre sur la santé mentale qui sera publié début novembre). Voilà *l'esprit nouveau* (Ez 36) qui doit nourrir votre bénévolat. Sachez que chaque fois que vous entrez dans cette Maison d'Émilie nous seulement vous y apporter ce qui est le plus précieux à ces psychiatrisés, mais vous foulez de vos pieds un lieu saint, un lieu privilégié que Dieu a choisi pour implanter son royaume. Une eucharistie pour vivre désarmés, sans crainte ; *n'ayez pas peur* de vos pauvretés parce que notre force c'est lui, ce pain de vie, cette parole de vie que nous a transmis l'évangéliste Luc dont nous faisons maintenant mémoire. AMEN.

Lundi de la vingt-neuvième semaine du Temps ordinaire
Éphésiens 2, 1-10; Luc 12, 13-21 : vivre sans être des propriétaires avares

Tu es fou. Cette folie, décrite par Luc, ressemble étrangement à notre manière de vivre. Ne sommes-nous pas, nous aussi, des passionnés par les biens de toutes sortes? Ne sommes-nous pas désireux d'une vie toujours plus confortable, plus riche, plus indépendante? Ne sommes-nous pas toujours en train d'accumuler des choses? *Comment pouvez-vous être assez fous*, avait demandé Paul aux Galates (3, 3) qui s'étaient éloignés de l'esprit de Dieu, pour *ne compter que sur la chair* (3, 4), que sur les biens périssables?

Questions : comment comprenons-nous ce *tu es fou*? Comment comprenons-nous ce *pouvez-vous être assez fous* de Paul aux Galates? Pour plusieurs, il s'agit d'une condamnation de la méchanceté de cet homme. D'autres y voient un jugement sévère sur une manière de vivre. Condamner, juger ne ressemble pas à la manière d'agir de Jésus qui ne méprise personne.

Tu es fou –celui de Jésus comme celui de Paul– c'est un appel à nous libérer de nos enfermements sur nos *mois*; *nous vivons suivant les tendances égoïstes, cédant aux caprices de nos raisonnements* (première lecture); c'est un appel à quitter cette tendance narcissiste qui nous caractérise tant, à vider nos greniers pour prendre notre envol, pour vivre au grand air. *Que rien ne te trouble, que rien ne t'effraie, tout passe mais Dieu ne change pas* (Thérèse d'Avila). *Tu es fou*, un appel à *devenir riche en vue de Dieu*. Que de soucis nous avons pour ce que nous n'avons pas! Les mots *je*, *moi* apparaissent plus de dix fois dans cette courte parabole. Cet homme possède beaucoup, mais n'a personne autour de lui. Il est extrêmement seul.

Tu es fou : appel à nous réveiller pour sortir de nos petits mondes, à cesser de désirer être le centre du monde. Un dramaturge anglais qui rencontrait un ami de longue date qu'il n'avait pas vu depuis longtemps, lui dit : *Nous n'avons pas assez de temps pour parler de nous deux, parlons de moi*. L'imitation de Jésus-Christ, ce traité spirituel du 15e siècle, nous dit : *Tout passe. Tu passeras avec tout ce qui t'entoure. Prends garde de t'attacher à quoi que ce soit (à toi) car tu serais pris et perdu*. Lâcher nos *mois* pour tomber dans le *moi* divin, dans les mains du Dieu vivant.

Saintes femmes, que cherchons-nous dans la vie? Marchons-nous vers un narcissisme (et c'est un peu cela le danger du quatrième âge de la vie) toujours en croissance ou vers quelque chose que nous nommons : être des évangiles vivants? Nous le voyons présentement : la sécurité apportée par le compte en banque, l'immobilier ou le prestige est illusoire. *Insensé, cette nuit même on te redemande ta vie*. Nous sommes des êtres de désir. Dieu nous a créés en état de désir. Il ne s'agit pas d'étouffer cela mais d'orienter cette extraordinaire puissance vers la vie ou vers la mort. Que désirons-nous le plus dans nos vies? Que faisons-nous de cette force de vie que Dieu a déposée en nous? C'est la seule véritable question, le seul enjeu sur lequel Jésus nous interroge, dans l'évangile que nous venons d'entendre. Et Paul nous a dit tantôt que si nous trébuchons, *Dieu, lui est riche en miséricorde. Avec lui, il nous a ressuscités, il nous a fait revivre* à nouveau.

À votre contemplation : cette parabole est révélation du vrai visage de Dieu. Un Dieu qui ne peut comprendre nos désirs d'avoir, de posséder toujours plus, de remplir davantage nos greniers parce que lui, Dieu, il n'en a aucune expérience. Il n'a aucune expérience de la possession parce que sa nature même –et c'est la grande révélation décelée dans la Trinité– est d'être anti-possession. Dieu n'est pas *crispé* par lui-même (Zundel), alors que nous le sommes. Dieu n'a aucune tendance à préserver son territoire, alors que nous passons nos vies à défendre nos territoires. Cette manière d'être de Dieu est quelque chose qui nous est absolument incompréhensible. Cette parabole nous montre notre Dieu. Elle nous montre aussi, dans les très beaux mots d'un livre de Maurice Zundel, *le problème que nous sommes*. Que cette eucharistie nous plonge un peu plus dans ce grand mystère d'une vie décollée de nous-mêmes et qu'elle nous rende don total comme lui. AMEN.

Vendredi de la vingt-neuvième semaine du Temps ordinaire
Luc 12, 54-59 : le jugement est proche;
Éphésiens 4, 1-6 : suivre fidèlement Jésus

Quand nous regardons les perturbations des marchés boursiers de la planète, il n'y a aucune difficulté à percevoir que les temps sont incertains. L'amoncellement de ces nuages est tel qu'aucun expert sérieux ne va risquer d'en prédire les impacts social, économique et international. Il pousse les gouvernements de la planète à unifier leurs stratégies et interven-tions dans l'espoir d'atténuer l'impact de cette débandade unique dans l'histoire. *Lorsque vous voyez un nuage se lever vous dites bientôt que la pluie vient et cela arrivera.*

En regard de notre foi, nous voyons aussi beaucoup de nuages assombrir nos vues et nos vies. *Certains n'y voient que ruines et calamités*, disait Jean XXIII. *D'autres donnent dans le piège comme des insensés* (Jean-Pierre de Caussade). Pascal écrivait dans ses *Pensées* qu'il avait découvert que tout malheur vient d'une seule chose, ne pas savoir voir. Ce qui nous est plus difficile, c'est de reconnaître que la foi nous offre à projeter *sur ce temps où nous sommes*, une lumière qui nous fait anticiper pour demain qui est du déjà présent, une grande fête nuptiale… toujours prête. *Si nous sommes vigilants, le Maître à son retour* (Luc 12, 39-48) nous fera entendre que ce temps ouvre sur des mots inimaginables : *Heureux les invités au repas du Seigneur.*

Nous avons peine à lire les signes, à voir cette multitude, *cette foule immense* qui travaille à éveiller à la foi malgré les défis énormes et épuisants rencontrés. Nous sommes vacillants à percevoir que nous sommes des invités à une grande fête de la vie sans fin. À y croire aussi. Nous avons du mal à entendre les chants et les rires, à voir la joie qui habitent les invités à l'eucharistie sans fin. Nous n'y arrivons pas parce que trop soucieux des choses d'en bas. Nous n'arrivons pas à franchir le mystère de notre destinée qui est identique à celui du Fils de l'homme. Nous avons peine à percevoir, à extraire toute la beauté que clame notre foi.

Ce monde, ce nouveau monde que Dieu nous offre en héritage et qui déjà surgit parmi nous, en nous, nous n'arrivons pas à le percevoir comme un <u>événement</u>, comme l'événement culminant de notre histoire humaine et collective. Nous n'arrivons pas à le percevoir, parce que ce monde là, cet événement là, se réalisera, hors du temps, d'une manière qui lui est à la fois unique et indescriptible.

Devant ce monde, qui est aussi le but de toute vie, devant ce monde qu'il faut plus que désirer, une question surgit, celle qui a été posée à Jésus lui-même : *que dois-je faire pour le posséder*, a demandé le jeune homme (Mc 10, 17-34)? Luc nous suggère ce matin pour *le posséder*, une manière de vie ensemble qui est autre qu'une guerre mutuelle. Son profil est clairement identifié par Paul qui nous dit, dans la première lecture, qu'il s'agit d'être capable de nous supporter, de garder à cœur l'unité, d'avoir beaucoup de douceur, de patience entre nous. Ailleurs, ce même Paul parle de ce monde *comme d'une course en avant oubliant tout ce qui est derrière*.

Saintes femmes, nous sommes en présence de paroles pleines de sagesse : nos vies ont un sens à la fois personnel, collectif. Nous avançons vers un accomplissement. Nous allons, comme le dit Paul, vers *le moment où les temps seront accomplis* (Ep 1, 9). Mais cette direction naît d'un regard contemplatif sur les événements, sur nos nuages afin d'y *reconnaître le moment où nous sommes*.

À votre contemplation : aujourd'hui, la parole de Dieu murmure doucement à nos oreilles de ne pas nous fier à ce que nous voyons, de ne pas partager l'incrédulité générale, de ne pas nous laisser entraîner par la non-espérance. Il faut, avec l'audace de la foi, percer les nuages, en *prenant garde, en veillant et priant* (Lc 21, 36). *Nous attentons sa venue dans la gloire*. Ces textes, aujourd'hui, nous offrent un murmure plein de douceur. Il ne s'agit pas seulement de croire, comme l'exprime Luc Plamondon, que *les nuages n'empêchent pas le soleil de briller*, mais de veiller à ce qu'il brille dans nos vies. Que ce pain transforme maintenant notre quotidien en une fête nuptiale. AMEN.

Lundi de la trentième semaine du Temps ordinaire
Luc 13, 10-17 : priorité au sabbat ou à la compassion
Éphésiens 4, 32 – 5, 8 : cherchez à imiter Dieu

Cherchez à imiter Dieu. Et ce qu'il nous faut imiter, c'est son regard; son attachement prioritaire à la souffrance. Jésus a porté son regard sur les souffrants, pas seulement ceux qui souffraient dans leur corps, mais dans leur cœur comme les *prostituées*, les *Zachée*, les *Matthieu*, un regard empathique, un regard qui avait priorité sur le sabbat. Un tel compor-tement, une telle mystique de l'action –Jésus n'a jamais dissocié l'amour de son Père de l'amour de ses semblables– lui a valu d'être constamment confronté aux pratiquants d'une loi sans âme.

Alors que les participants au sabbat sont plus attentifs à ce qu'ils doivent faire, Jésus, lui, porte attention aux personnes, regarde leur besoin plutôt que leur manière de prier. La nouveauté, la fraîcheur, la mystique de l'évangile, vient d'une manière de regarder qui rejoint les désirs les plus profonds. Jésus confirme d'une façon incontournable que l'œil est un symbole expressif du moi profond, qu'il est un reflet de l'âme (Mt 6, 22-23). Il invite à être *tout œil*.

La mauvaise pratique du sabbat, c'est ne pas être tout œil, ce jour-là. Pour Jésus *rien ne doit être préféré au service de Dieu*, de ce Dieu qui est là dans la souffrance. En agissant ainsi, un jour de sabbat, Jésus n'a fait qu'affirmer l'unité indissociable entre Dieu et nous. Nous ne quittons pas Dieu et son service quand nous nous occupons des autres (François de Sales). Jésus ne se laissait influencer que par une seule loi, celle de la charité envers les malheureux, les souffrants. Ils étaient –au-delà de toute loi– sa seule raison de vivre. Il est venu les servir. Une telle pratique de la loi de la charité, être *tout œil*, –*j'ai vu la souffrance de mon peuple* (Ex 3,7)– lui valut les pires récriminations. S'occuper des souffrants, c'est sanctifier le sabbat. Voilà la nouvelle justice.

Ce qui est étonnant, c'est que cette sensibilité de Jésus, son empathie pour la souffrance, son regard pénétrant sur les malades de toutes catégories, est lentement devenue presque secondaire, tant une certaine théologie opte pour voir d'abord le mal, le péché, avant de regarder la personne qui souffre. Nous déformons l'Évangile. Avouons-le, nous aussi sommes habiles pour privilégier la loi quand il s'agit de rechercher notre intérêt, quand nous portons de vifs jugements sur les criminels, sur les personnes divorcées, les *prostitués qui nous précéderont dans le royaume* (Mt 21, 25). C'est tellement facile de nous cacher derrière une pratique extérieure de la loi.

Saintes femmes, il nous faut, ce matin, contempler les *merveilles de Dieu* qui transpirent dans ce comportement de Jésus. Il n'est pas venu plaire, mais *allumer un feu dévorant, apporter la division* (Lc 12, 51). Denys le Chartreux, commentant ce passage, disait que Jésus –et c'est très salutaire– est venu nous *séparer* de tout comportement *qui nous ferait vivre en bonne entente dans le mal* : celui de ne pas voir l'autre, le souffrant, un jour de sabbat. L'essentiel n'est pas dans l'extérieur, les rites. Jésus n'est pas venu chercher à plaire, *un tel agir ne convient pas à des membres du peuple saint* (première lecture), mais montrer Dieu.

à votre contemplation : Jésus nous propose son trésor le plus précieux : son regard qui donne de la dignité, son regard humain plutôt qu'un regard *religieux*. Pour lui, le regard de compassion a priorité sur celui du sabbat. Cette merveilleuse manière d'agir n'est pas étourdissement, évasion ou fuite. Jésus opte, non pour un système, ni ne désire sauver une législation à tout prix. Il agit pour que *la miséricorde s'élève au dessus* (Jn 3, 13) de tout. Puissions-nous, comme le dira l'oraison finale tantôt, toujours nous en émerveiller. AMEN.

Vendredi de la trentième semaine du Temps ordinaire
Luc 14, 1-6 : repas chez un pharisien

En accueillant Benoît XVI, à l'Élysée, le président Sarkozy déclarait que la dignité humaine s'est imposée comme une valeur universelle. *A l'heure*, dit-il, *où ressurgissent tant de fanatismes, à l'heure où les égoïsmes les plus durs menacent les relations entre les nations et au sein des nations, cette option absolue pour la dignité humaine (que vous représentez très saint Père), et son ancrage dans la raison doivent être tenus pour un trésor des plus précieux.*

Ce trésor, la dignité humaine, n'est pas seulement trésor pour l'humanité. Il est aussi trésor d'Évangile. Le pharisien, chez qui Jésus prenait son repas un jour du sabbat, a-t-il vraiment compris que le geste de Jésus soulageant un homme atteint d'hydropisie (maladie qui fait que le corps secrète une odeur désagréable), était un geste trésor d'Évangile? Et nous qui venons d'écouter cette parole de Dieu, avons-nous saisi que cette page nous concerne? Elle nous invite à une métamorphose sans précédent dans l'histoire de la foi en un Dieu unique.

En fin observateur de la société d'alors qui focalise tout autour d'une pratique extérieure du sabbat, aux fins observateurs de notre société d'aujourd'hui qui structurent tout leur raisonnement à partir d'une logique insatiable de la consommation, Jésus, par sa question, *est-il permis,* ouvre son hôte, nous ouvre les yeux sur l'importance de la dignité humaine. C'est le trésor des trésors, la priorité des priorités. C'est en pensant à la dignité de l'humain que Jésus a agi ainsi le jour du sabbat. J'exprimais lundi dernier qu'il nous fallait comme Jésus être *tout œil*. Ce matin, j'ajoute qu'il nous faut être *tout oreille* aux souffrances des autres.

Question : comment reproduire ce «geste patrimoine» de Jésus? Ce geste architectural de notre foi? La réponse est simple, peut-être trop simple : renaître à l'humain, aux droits humains. Jésus, de passage chez un notable pour un repas, en profite pour lancer un appel à ré-évangéliser le gros bon sens. Simple?

Comme l'exprimait si éloquemment Benoît XVI dans sa rencontre avec les notables juifs lors de son voyage à Paris, qui citait le Talmud (58b), le gros bon sens c'est que *le sabbat vous est donné, mais vous n'êtes pas donnés au sabbat*. Le gros bon sens, c'est d'abreuver même un jour de sabbat, les animaux. Le gros bon sens : nous sommes *donnés*, *voués* à faire vivre.

Loin d'être une idéologie abstraite, un système qui gère nos manières de nous comporter entre nous ou un code de bonne conduite, la révélation, la bonne nouvelle –faut-il l'observer toujours bonne nouvelle– c'est que le Père en nous envoyant son Fils *né d'une femme* (Ga 4, 4), est venu nous sauver d'une conduite à deux faces : l'une pour le dimanche et l'autre pour les six autres jours de la semaine.

Alors que le pharisien avait soif d'être bien vu, d'être *estimé* de Jésus, il se voit inviter à opérer en lui un miracle, une guérison : tu vois, semble lui dire Jésus, cet homme atteint d'hydropisie; lui aussi, comme toi, il a soif d'être estimé, lui aussi a soif d'être quelqu'un. Et ce trésor là, *être quelqu'un*, aider à *être quelqu'un*, il faut l'offrir tous les jours de la semaine, incluant le sabbat. Ce trésor-là, Jésus précise, dans le texte qui suit notre évangile ce matin, que nous risquons de le perdre quand nous cherchons la place d'honneur à un repas ou que nous recherchons toute la place. *Si quelqu'un est plus digne que toi, le maître te dira...*

À votre contemplation : paraphrasant Paul dans la première lecture, *je rends grâce à Dieu quand je fais mention de vous à cause de ce que vous faîtes pour l'Évangile.* Ici, vous n'écoutez pas la parole de Dieu pour y demeurer par la suite, indifférents. Ici, la parole de Dieu, celle qui invite ce matin à donner de la dignité, n'est pas seulement une vue de l'esprit. *Puisque Dieu a si bien commencé en vous, chez vous son travail, puisque vous n'oubliez aucun de ses bienfaits* (Ac), pour vous maintenant, je deviens pain de vie. AMEN.

Lundi de la trente-et-unième semaine du Temps ordinaire
Luc 14, 12-14 : qui inviter à diner?
Philippiens 2, 1-4 : ayez les mêmes sentiments

Nous pouvons prononcer les paroles les plus sublimes sur l'accueil, mais si ces paroles ne sont que des belles paroles, si elles ne sont pas confirmées par des *œuvres*, nous en défigurons la beauté. Nous pouvons désirer pour tous une table modestement nourrissante mais, si c'est à la condition que cela ne nous brime en rien, ne nous prive en rien, nous défigurons la beauté. Ce ne sont pas les mots que nous prononçons, même les plus beaux et accompagnés de surcroît d'une musique envoûteuse, qui donnent de la hauteur à nos vies. Ce sont nos vies qui confirment la beauté de nos gestes. Elles disent ce que nous contemplons.

Quand la parole de Dieu devient des mots extérieurs à nous, nous cessons d'être emportés par leur beauté, transfigurés par elle. Nous la défigurons et avec elle, Dieu. Si nos vies ne sont pas transfigurées par la beauté des mots, si nous n'apportons pas, ne transmettons pas la joie que nous avons d'écouter ces mots *quand tu donnes un déjeuner, invite des pauvres, des aveugles, des mendiants*, si nous n'ajoutons pas de la gratuité à nos gestes, si la vie n'est pas plus belle à cause de nous, si les autres ne sont pas plus heureux, comment voulez-vous, saintes femmes, qu'ils sachent que Dieu est en nous?

Notre foi n'est pas une foi faite de belles paroles; *à quoi cela sert-il à quelqu'un de dire j'ai la foi s'il n'a pas les œuvres* (Jc 2, 15). La parole de Dieu —cette Parole qui vient de rassembler en Synode des Pères du monde entier— n'est pas un simple texte à lire et relire. C'est quelqu'un dont l'insertion dans le temps se fait à travers nous. Sans nous, la parole est absente. Sans nous, le beau texte de ce matin qui parle de la gratuité, ne sera ni lu, ni entendu autour de nous. Sans nous, la parole de Dieu devient irréelle, inexistante pour nos contemporains. Nous sommes pour l'ensemble de nos concitoyens, la *seule parole de Dieu* qu'ils se permettent de lire dans leur journée.

Si nous ne sommes pas, ne vivons pas, ne parlons pas comme des *paroles de Dieu*, si nous désirons la sainteté à condition qu'elle ne nous oblige pas à nous désencombrer de nos *mois*, nous ne rendrons pas Dieu sensible à notre entourage. Nous ne le transmettrons pas non plus. Ici, comme famille apostolique, il faut nous travailler sans cesse pour demeurer des *exégèses vivantes de la parole de Dieu* (Benoît XVI aux Cisterciens, octobre 2008).

Mère Marie Rose n'a pas eu mal au cœur de s'asseoir à la table des petits sans rien attendre d'eux en retour. Elle est devenue, dans tout le sens du terme, une grande évangélisatrice en acte avant de l'être en paroles. Notre foi ne sera jamais réduite à une parole ni à une lecture quotidienne de la parole, ni à une célébration eucharistique. Elle ne sera jamais un simple mot, un simple nom, fut-il celui de Dieu, ne sera jamais un symbole placé sur le mur de nos maisons ou une chaîne à notre cou, c'est une manière de vivre. Une manière d'être.

Voilà ce que saint Paul vient de nous confirmer dans la première lecture : *s'il est vrai que dans le Christ, on se réconforte les uns les autres, on s'encourage, alors ayez les mêmes dispositions, les mêmes sentiments* que ceux de Jésus. Et Paul ajoute –ce sont des paroles de Dieu– *que chacun de vous ne soit pas préoccupé de lui-même* (Phil 2, 2). Nous ne comprendrons jamais toute la libération, toute la grandeur d'âme, mais aussi toute la beauté, toute la dignité qu'il y a à vivre *libre de soi*, non collé à soi-même.

Saintes femmes, la parole de Dieu est essentielle pour connaître le Dieu de Jésus-Christ. Cette connaissance ouvre sur une naissance qui nous transforme en forme de Dieu. Nous n'avons pas à créer une nouvelle manière de vivre, nous avons à la révéler comme l'a fait Martin Porres qui mena une vie d'une telle pauvreté que de son vivant on le regardait comme un saint, tant il montrait dans sa vie le Dieu révélé en Jésus.

À votre contemplation : cette page est un combat entre les honneurs et le service; entre la cité de Dieu et la cité du *moi* ou de Satan, entre ce qu'Augustin appelle *l'amour terrestre de soi-même, jusqu'au mépris de Dieu, et l'amour céleste de Dieu, jusqu'au mépris de soi-même*. Loué sois Dieu pour cette belle parole qu'il vient de nous faire entendre. AMEN.

Vendredi de la trente-et-unième semaine du Temps ordinaire
Luc 16, 1-8 : le gérant malhonnête
Philippiens 3, 17-4, 1 : ne vivez pas en ennemi de la croix

À une époque où nous valorisons davantage la réussite matérielle, le prestige social, l'épanouissement personnel; à une époque où la recherche de l'image suscite tant d'énergie pour s'évanouir aussitôt dans l'éphémère; à une époque où nous sommes constamment interpellés pour réaliser tous nos rêves (*si tu veux, t'y vas*, dit présentement une publicité sur TV5) la parabole que nous venons d'entendre –mettre l'argent à sa juste place dans sa vie– n'attire pas beaucoup nos regards, sinon pour être choqués par l'attitude malhonnête de ce gérant.

Jésus ne nous offre pas ce matin un cours sur la gestion des affaires, sur la morale des affaires. Il veut seulement nous montrer –et quelle délicatesse!– que la logique de ce monde, logique du bien paraître, n'est pas la logique du royaume de Dieu. Dans cette parabole dite du gérant malhonnête, Jésus montre très clairement que dans la logique des chiffres, l'erreur n'a pas sa place. Elle est instantanément sanctionnée. *Qu'est-ce que j'entends dire de toi?* Cette logique est celle du donnant-donnant, celle d'utiliser la règle en vigueur, mais en profitant de ses failles. Cette logique est celle qui régit notre monde où les objets, les activités, les personnes, les relations humaines, sont perçus comme monnaie d'échange.

Ce qu'il faut observer attentivement dans ce récit de Luc c'est que Jésus ne condamne pas cette logique. Ce n'est pas sa manière d'agir. Il fait miroiter une autre logique que celle du paraître, que celle de chercher, peu importe les moyens utilisés, à voir sa réputation dégringoler dans les sondages, dirions-nous, que celle du succès. C'est celle de l'habileté humaine à utiliser nos errances, nos comportements fautifs, comme tremplin pour nous en sortir. Nous pouvons tomber, mal nous comporter, errer, mais, et c'est là le cœur de la parabole, le centre de l'évangile, nous avons en nous la capacité de transformer nos comportements tout centrés sur soi –c'est là l'erreur du gérant malhonnête– en des comportements ouverts sur les autres. *Combien dois-tu à ton maître?*

Jésus met en lumière, porte à notre regard contemplatif, qu'il ne s'agit pas de jouer à l'ange ni de faire la bête. Il nous fait voir que la logique du royaume est celle de savoir tirer profit de nos échecs. C'est la meilleure façon de rebondir. C'est l'habileté des fils de la lumière, pour qui l'échec n'est pas honteux, mais l'occasion de rebondir plus intelligemment. Dans la logique du royaume, l'échec et sa reconnaissance sont un gage de réussite. Dans cette logique évan-gélique, le succès, c'est l'échec de l'échec. Sans l'exprimer explicitement, Jésus se donne en ex-emple, lui qui a réussi l'échec et l'a transformé en victoire.

Saintes femmes, ces deux logiques nous collent à la peau. Nous sommes tous et toutes attirés par la logique de maintenir une bonne réputation au-delà de nos actes répressifs, de nos maladresses comptables. Nous sommes d'une grande habileté pour trouver des excuses, des circonstances atténuantes pour expliquer nos maladresses même... inacceptables. Nous sommes aussi attirés par la logique de nous relever quand vient l'échec, de réussir nos échecs. *Heureuse faute*, chantons-nous dans la nuit de Pâques.

Cette parabole est notre histoire. Aucun être humain ne peut être réduit au mal qu'il fait. En nous –c'est le cœur de l'Évangile– il y a la possibilité de vivre une autre logique, une autre habileté, celle d'être des fils de la lumière, d'être capables de faire surgir de nos ténèbres, cette lumière qui nous fait rebondir. Contemplons ce regard fasciné que Jésus nous offre, comme il l'a offert hier, quand nous avons cette habileté à nous relever de nos échecs, de nos *nuits*, disent les grands priants.

À votre contemplation : faisons nôtre cet appel que Paul adressait aux Philippiens (première lecture) : *tenez bon dans le Seigneur, mes bien-aimés.* Tenir bon en mettant *notre gloire non dans les choses terrestres, mais dans cette certitude que nous sommes citoyens des cieux.* Tenir bon parce que nous sommes, comme chrétiens, convoqués à participer à la restau-ration de la condition humaine en transformant nos trahisons et les comportements honteux de notre monde en chemin d'Évangile. Ce mystère-là, cette transformation-là, se retrouve main-tenant sous nos yeux parce que l'eucharistie est le sacrement d'un échec qui nous transforme en fils de lumière. AMEN.

Lundi de la trente-deuxième semaine du Temps ordinaire
Luc 17, 1-7; Tite 1, 1-9 : vivre ensemble, un chemin de sainteté

La sainteté, c'est rendre la vie belle aux autres. C'est être la joie des autres. Compliqué? C'est répandre autour de nous du bonheur en nous comportant d'une manière telle que notre présence ne soit pas quelque chose de crucifiant pour les autres. Ce chemin là, rendre les autres heureux, leur rendre la vie plus facile, passe par une vie mystique, une vie *semblable* à celle de Jésus, dans la mesure où cela est humainement possible. C'est à cette élévation, à cette hauteur que nous appelle la lecture de l'évangile de ce jour.

L'Évangéliste et son appel (*si sept fois par jour, il se repend et tu pardonnes*) nous convoque, nous assigne cette mission de bâtir entre nous le vrai bonheur : vivre dans l'harmo-nie, de cette harmonie mutuelle qui est le trésor des trésors parce qu'elle nous comble plus que tout. Cette manière *trinitaire* de vivre est notre seule et vraie grandeur. Elle nous permet de nous réaliser pleinement. Nous sommes des êtres de relation, d'ouverture, d'accueil de l'autre. Quand nous vivons refermés, recroquevillés sur nous-mêmes, nous crucifions l'évangile. Nous refusons de l'annoncer. C'est ça, la bonne nouvelle.

Il ne s'agit pas de briller, de dominer, d'imposer mais de rayonner l'Évangile. Et la *meule au cou,* c'est qu'en ne rayonnant pas cette page, nous mettons en péril l'avenir de Dieu dans notre monde. Dieu entre dans notre histoire, nos cultures par ce chemin… d'incarnation. N'y a-t-il pas plus belle saveur d'évangile que cette remarque tout simple de votre compagne que je visitais sur son lit d'hôpital: *Elles sont tellement bonnes pour moi.* Paul vient de dire cela autrement : *être ami du bien, saint.*

Nous sommes chargés d'un destin impossible mais incontournable : vivre entre nous de la vie même de Dieu, de la vie nuptiale de Dieu ; de faire voir qu'être en présence de Dieu et être avec nos compagnes, c'est la même chose. N'avons-nous pas chanté lundi dernier : *ils sont nombreux les bienheureux qui n'ont jamais fait parler d'eux, qui n'ont pas laissé d'image… ils ont aimé sans cesse de leur mieux autant leurs frères que le bon Dieu.*

Nous sommes chargés de devenir des collaborateurs, des réalisateurs, des créateurs de cette nouveauté : vivre ensemble en régime nuptial. En régime trinitaire. Ce régime passe par une réduction à néant de nos pulsions, fruits de nos *humaineries* pour nous transformer en pardon *sept fois par jour*. Les apôtres ont tellement compris l'énormité de cet appel à rayonner de ce régime nuptial, celui-là même qui se vit dans la Trinité, qu'ils ont demandé à Jésus : *augmente en nous la foi*. Augmente en nous la capacité de faire des choses qui n'ont pas d'allure : *Déracine-toi et va te planter dans la mer*. Dans ce contexte, le *tenez-vous sur vos gardes* est une recommandation pleine de sagesse, puisque ce comportement nous pousse à la limite de l'humainement possible.

À votre contemplation : ce que l'auteur Saint-Exupéry écrivait dans Citadelle : *de correction en correction, je marche vers lui* (*Citadelle*, ch. 103), Saint Paul exprimait cela autrement tantôt : être ni arrogant, ni coléreux, ni violent... mais d'être ami du bien, raisonnable, juste, saint, maître de lui. Ce programme nous fait *ce peuple immense de ceux qui t'ont cherché*. Il est un chemin qui indique que nous sommes des *amis du bien* et que nous sommes *pour le monde des foyers de lumière* (Ac). AMEN.

Vendredi de la trente-deuxième semaine du Temps ordinaire
Luc 17, 26-36 : on mangeait, on buvait

Deux paysages s'offrent à nous dans cette lecture de Luc : celui de l'éphémère, de la recherche immédiate de la réussite, du plaisir caractérisé par le *manger, boire, acheter, planter, bâtir*, par la destruction de Sodome –à noter que l'Évangile ne condamne pas cette manière de vivre– et l'autre, en filigrane, qui laisse apparaître notre destinée commune. Deux paysages, deux manières de bâtir sa vie : sur le sable ou sur le roc. Consommer pour consommer, posséder pour posséder ou concevoir notre vie comme un chemin vers une autre vie. Saint Jean affirmait, dans la première lecture, que *celui qui reste attaché à l'enseignement* [de Dieu], *celui-là trouve le Père et le Fils*. Toute cette page de Luc confirme en filigrane que *nous irons dans la maison du Seigneur* (Ps 121, 4). Augustin ajoute avec beaucoup de clairvoyance : *À nous de voir si nous y allons*.

Quelle sagesse il y a à découvrir –et certains ne découvrent pas cela– que *nous nous attachons aux convoitises, que nous soupirons de désirs terrestres* (Saint Colomban). Quel discernement il y a à entrevoir que bâtir sur l'avoir –nous le voyons présentement avec les faillites de banques, l'effondrement des marchés– bâtir sur les choses matérielles, visibles, tangibles, sur une carrière rentable, c'est investir dans le sable. L'éphémère occupe beaucoup de place dans nos vies, dans nos préoccupations.

La bonne nouvelle que se tisse en filigrane dans cette page devrait nous ternir éveillés : c'est celle de l'acclamation, tantôt : *votre délivrance approche*. Nous avons un avenir de gloire. Dans son homélie du jour des défunts (2008), Benoît XVI nous posait cette question : *La foi chrétienne est-elle pour nous aujourd'hui une espérance qui transforme nos manières de vivre?* Il ajoutait : *notre époque désire-t-elle encore la vie éternelle ou peut-être que notre existence terrestre est devenue notre seul et unique horizon?*

Cette bonne nouvelle, que nous vivons *dans l'ombre de la foi* (saint Bernard), *que je n'estime pas avoir saisi* (Ph 3, 13), cette grande jubilation que nous pouvons et que nous sommes les seuls à apporter à notre monde, cette grande jubilation qui repose sur chacun d'entre nous et que nous ne pouvons pas déléguer à d'autres, y croyons-nous vraiment ? Elle s'appuie sur le roc de notre foi en la Parole.

Saintes femmes, *le ciel et la terre passeront, mais mes paroles ne passeront point* (Ps 118). Ce ne sont pas nos pieds, mais nos cœurs qui nous y portent. Ce sont nos cœurs qui s'ouvrent *à ce qui n'est pas un nouveau commandement, c'est celui que nous avions dès les débuts* (première lecture). Nous marchons vers une vie de bonheur. Nous sommes destinés à une vie heureuse. Rien n'est plus ancré en nous que cette recherche du bonheur, que le désir de vivre dans le bonheur. Croyons-nous vraiment qu'un bonheur nous attend?

À votre contemplation : un paradis de joie est notre avenir. Ce paradis n'appartient pas à *la géographie de l'espace mais à la géographie du cœur* (Benoît XVI, *Message de Noël 2007*). Jésus ne se lasse pas de nous parler de ce royaume. Sa manière de parler, sa *grammaire* (Jean Grosjean) nous dit que quelque chose de grand s'ouvre à nous. *Dieu nous a créés pour une existence impérissable, il a fait de nous une image de ce qu'il est en lui-même.* Comme l'exprime un mystique de l'Islam, *nous sommes en pèlerinage vers l'Ami qui demeure en nous.* Jésus, maintenant, nous introduit dans le *cellier* de son eucharistie où coulent le lait et le miel. AMEN.

Lundi de la trente-troisième semaine du Temps ordinaire
Apocalypse 1, 1-5; Luc 18, 35-43 : *faites que je vois*

Il y a la cécité de la vue. Il y a la cécité de la vie. Nous reconnaissons facilement l'aveugle sur nos chemins, à leur canne blanche. Nous avons plus de difficulté à reconnaître nos *aveuglements*. Que nous sommes des *aveuglés* quand nous refusons de reconnaître que nous vivons, pour citer le poète, comme des *endieusés* tout obnubilés par la *révérence* pour nos personnes! Des *endieusés* qui craignent d'avoir toujours *moins de moi en tout* (Mère Térésa). Des *endieusés* qui appréhendent une perte de leur pouvoir de manipulation de l'autre. L'évangile vient de nous dire qu'il faut soigner nos yeux. Nos yeux du cœur.

Ce que Jésus a fait avec l'aveugle, il le fait avec chacun de nous. Son geste n'a pas été rapporté pour nous étonner, mais pour nous faire signe. Nous sommes cette foule qui, comme hier, attend sur le bord de la route que passe celui qui ouvre à la lumière. Nous attendons d'être guéris de nos aveuglements. Quand nous manifestons une surdose du moi, quand la priorité est de se servir d'abord, quand nous voulons toute la place, nous avons besoin d'être guéris. Nous ne voyons pas très bien. Nous ne voyons pas très clair. Ce serait si simple s'il suffisait de changer de lunettes.

Mais qu'est-ce que voir clairement? Qu'est-ce qu'une vision claire? Ce passage de Luc vient d'y répondre. C'est voir Jésus. La guérison de l'aveugle, notre guérison, c'est de voir Jésus. Et l'Ecclésiaste nous prévient que *l'œil n'a jamais fini de voir, ni l'oreille d'entendre* (1, 7). La grâce de l'aveugle, c'est qu'il se savait aveugle. Nous sommes si nombreux à ne pas savoir voir, à ne pas oser demander. Parce que demander, c'est humiliant.

L'aveugle ne voit pas. Il se fait entendre par un cri qui retentit encore aujourd'hui : *Aie pitié de moi*. Cri confiance, cri appel. Il s'en vient –thème de l'Avent– celui qui change la vie, la vue. Il s'approche avec une déroutante, une désarmante question : *Que veux-tu?* Il faut une certaine audace pour demander à un aveugle ce qu'il veut! Réponse évidente : *que je voie*. Et Jésus, au lieu de prendre la première place, de jouer le rôle de thaumaturge que la foule attend, lui dévoile que lui, l'aveugle, a déjà les clés de sa guérison : *ta foi t'a sauvé*. C'est notre histoire à chacun de nous. Nous avons en nous la capacité de guérir de nos malvoyances.

Voir que la foi sauve. Qu'elle n'est pas un fardeau à porter! Voir que la *foi est un regard qui sauve* (Madeleine Delbrel). Voir –permettez-moi cette tautologie– que la foi est un acte de *voir* qui nous fait devenir disciples. *Il suivait Jésus en rendant gloire à Dieu*.

À votre contemplation : à chacune d'entre nous, ce matin, quel que soit l'épaisseur de nos aveuglements, de nos *amourachements* de nous-mêmes, Jésus demande : *que veux-tu que je fasse pour toi?* Et tellement éblouies par sa bonté envers nous, sa compassion, que nous pourrions, nous aussi signer –et c'est paradoxal– ce qu'un Jean de la Croix exprimait : *moi, je ne vois plus, tant la vision de ta Beauté me tue*. Cette beauté-là a poussé l'aveugle à suivre Jésus. Ce matin, pouvons-nous affirmer que notre foi est assez forte pour renverser l'obscurité de nos aveuglements, jusqu'à faire jaillir en nous que *cette beauté-là*, que ce Jésus, qui se donne à nous dans cette eucharistie, *nous tue*? AMEN.

Fête du Christ-Roi 2008
Matthieu 25, 31-46

Solennité du Christ, Roi de l'univers (Ap 15, 3). Ce n'est pourtant pas la majesté, la puissance, la domination que cette solennité veut célébrer. *J'irai moi-même à la recherche de mes brebis et je veillerai sur elles* (première lecture).

Même si le langage des textes que nous venons d'entendre est issu d'une autre époque, même si l'image d'un Dieu tout-puissant, trônant *sur son trône de gloire*, utilisant son *pouvoir royal* (deuxième lecture) pour séparer les *brebis des chèvres*, nous rebute, il faut l'avouer, cette image du Dieu du jugement dernier est bien vivante dans nos mémoires. Demander à un enfant de vous représenter Dieu. Il va monter sur une table et dire : *regardez-moi*. Cette solennité appelle un changement de regard sur ce qu'est la royauté du Christ. Contemplons une autre manière d'exercer la royauté.

Mon premier étonnement à la lecture de l'évangile, c'est que ni les accusés, ni les élus ne savent pourquoi ils le sont. *Qu'est-ce que nous n'avons pas fait? Qu'est-ce que nous avons fait?* Mon second étonnement est de contempler avec admiration que Matthieu, au terme de son évangile, nous offre à voir que Jésus invite *à sa droite,* qu'il ouvre son royaume à ceux et celles qui vivent comme lui. À ceux et celles qui vivent en *roi,* en *reine* capable de dépouillement, de douceur, qui sont des affamés et assoiffés de justice, des artisans de paix, jusqu'à accepter d'être des persécutés pour la justice. A ceux et celles là, Jésus affirme que *le royaume des cieux est à eux.*

Mystère de transformation évangélique, désormais sont rois les *affamés* qu'il a nourris au désert et pour qui il a multiplié le pain; les assoiffés au bord du puits de Jacob, à qui il a promis le don de la source d'eau vive (Jn 4, 10) ; les étrangers qu'il a visités, comblés de biens; les dénudés qu'il a habillés de sa lumière jusqu'à les revêtir par le baptême du manteau de sa miséricorde; les malades qu'il a oints de l'huile sainte; les prisonniers qu'il a relevés de leur prison.

Allons encore plus loin dans notre étonnement. Devant nos yeux, un roi <u>qui non seulement prend les devants</u> : *J'irai les délivrer*; non seulement <u>s'arrête</u> près des blessés : *Celle qui est blessée, je la rechercherai*; non seulement <u>se livre</u> pour tous : *Par un homme vient la résurrection* (deuxième lecture) ; non seulement <u>ouvre</u> *nos pas aux chemins de la paix* (Lc 1, 79); mais, et c'est là la beauté humainement inimaginable que Matthieu offre ce soir à notre contemplation, ce *roi* est devenu pour nous le premier de tous les accablés. *De riche qu'il était, il s'est fait pauvre* (2 Co 8, 9). Il s'est fait chemin qui ouvre, inaugure entre nous *un règne de justice d'amour et de paix* (préface).

Mère Marie Rose a compris cela quand elle a voulu, en accueillant dans ses écoles des enfants, leur donner l'éducation à une vie axée sur cette chartre chrétienne des béatitudes et, par la transformation lente et mystérieuse de ses enfants en évangiles vivants, elle a inauguré chez nous la *civilisation de l'amour* (Jean-Paul II). Pour elle, le royaume était là, au milieu des classes, chaque fois qu'elle préférait l'amour et le service de ses enfants, plutôt que de rechercher son propre intérêt, son confort, sa tranquillité.

Le royaume grandit au milieu de nous chaque fois que nous donnons le meilleur de nous-mêmes, comme l'a fait le roi de l'évangile de ce soir. Le royaume devient une réalité, il s'inscrit dans notre monde, chaque fois que nous osons tendre la main à ceux et celles qui ont besoin d'être aidés, d'être honorés par notre invitation à les recevoir à nos tables. Cette page n'est pas une réalité extérieure à nous, elle devient bonne nouvelle quand elle nous transforme de l'intérieur.

Voilà, saintes femmes, ce qu'est cette solennité. Une puissance de tendresse. Non content d'être le *premier-né de toute créature,* Jésus s'est fait pour nous *le premier-né d'entre les morts* pour nous obtenir *la primauté de l'amour* (Col 1, 15-18).

Cette eucharistie nous fait anticiper qu'un jour ce royaume nous sera donné en plénitude (Ep 3, 19) si nous savons reconnaître que le Très-Haut et grand roi est devenu le très bas dans cette eucharistie qui est pure anticipation de ce que *nous vivrons avec lui éternellement* (oraison finale). AMEN.

Lundi de la trente-quatrième semaine du Temps ordinaire
Luc 21, 1-4 : veuve et tronc

Quand nous y songeons un peu, cette femme a posé un geste renversant, magnifique, un geste émouvant. Elle a donné ce qui lui était essentiel pour vivre. Rien n'est plus libérateur que ce geste de détachement de tout, même de l'essentiel. C'est un geste trésor que seul l'évangile peut nous faire admirer. Notre société capitaliste, nos mentalités d'être propriétaire de tout, nos insécurités et nos peurs de manquer de *superflu*, nous tiennent loin d'un tel geste pourtant si libérateur. Qui nous libère de nos attachements?

Cette veuve est riche parce qu'elle n'a rien. Parce qu'elle n'a pas de prise, ne désire pas d'emprise sur ses biens. Elle est démunie de toute puissance. Elle est l'image qui nous reflète Dieu. Notre Dieu est Dieu parce que lui aussi n'a aucune emprise sur nous. Ce que nous contemplons ce matin, c'est Jésus lui-même qui se donne à voir, qui nous fait voir son propre mystère : il nous a tout donné. *De riche qu'il était, il s'est fait pauvre pour nous enrichir* (2 Co 8, 9). Révélation de la pauvreté de Dieu, de sa dépossession de tout. Notre Dieu, comme cette veuve, n'a rien, parce qu'il n'est que don.

Jésus a été en grande admiration devant ce geste à première vue anodin, parce que cette veuve a fait passer le don, la générosité avant son propre intérêt. Pour Jésus, –quel message à retenir pour vos vies– la qualité du cœur qui donne importe plus que la quantité qui est donnée.

C'est ce que nous avons célébré dans la fête du Christ-Roi. Jésus invitait *à sa droite* ceux qui vivaient la chartre des béatitudes, qui n'étaient que don. Ce chemin des béatitudes déclare heureux ceux qui se libèrent de leurs colères pour s'habiller de bonté, qui se départissent de leur orgueil pour mener une vie humble, simple, qui rejette tout désir de tout contrôler pour construire la paix.

Saintes femmes, ce matin, Jésus regarde tranquillement ce que nous apportons, ce que nous sommes prêts à sacrifier pour le royaume. Ne songeons pas ici seulement au matériel, à nos piécettes d'argent que nous aimons bien conserver *au cas où*, mais allons-nous verser dans les troncs et cœurs de nos compagnes le temps que nous avons, les forces qui nous restent, notre regard …?

La pauvre veuve de l'évangile aurait pu se dire: *De quoi vais-je avoir l'air avec mes deux piécettes? Ce n'est rien face à la générosité abondante des autres!* Nous entendons la même réflexion autour de nous : *J'ai tellement peu à donner, ça ne vaut pas la peine.*

Au regard de l'évangile, toute personne qui se crispe sur ce qu'elle a, est riche d'une fausse richesse. Nous pouvons autant nous crisper sur nos richesses : confort, argent, culture, valeurs héritées du milieu, histoire passée, indépendance de vie, comme nous pouvons nous crisper sur nos carences, nos limites, nos échecs ou nos fragilités. Dès qu'il y a en nous crispation sur un avoir ou sur un manque, c'est le signe que nous tournons le dos au royaume annoncé par Jésus.

À votre contemplation : il y a des gens qui donnent beaucoup, mais ne sont pas tenus pour généreux aux yeux de Dieu. Il y a des gens qui ne possèdent rien et qui dans leur cœur, souffrent pour ceux qui n'ont rien. Une eucharistie pour devenir louange à Dieu pour ceux et celles qui jettent leurs piécettes dans le trésor de Dieu. Comme cette veuve, Jésus s'abandonne à son Père. Et pour nous, il lui remet sa vie. AMEN.

Vendredi de la trente-quatrième semaine du Temps ordinaire
Luc 21, 29-33 : pour nous, un ciel nouveau;
ne l'apercevons-nous pas?

Cette page n'a rien de surprenant. De tout temps, notre monde connaît des préoccupations et perturbations économiques ou autres. Disons qu'actuellement, elles sont simplement plus vives. Avec raison, nous sommes préoccupés de l'avenir. Nous dépensons beaucoup d'énergie à prévoir, planifier, prospecter, gérer pour nous éviter le moins de risque possible. Nos vies sont envahies de préoccupations, d'inquiétudes économiques, sociales, professionnelles, ecclésiales aussi. Rien, aucun messianisme terrestre n'arrive à nous sécuriser, nous rassurer. Nous semblons avoir perdu la maîtrise sur le déroulement de l'économie.

Questions : ne portons-nous pas notre regard sur le secondaire? Avons-nous comme chrétiens, des oreilles capables d'entendre les paroles les plus fantastiques que notre monde peut prononcer : *Relevez la tête, votre délivrance est proche. La terre et le ciel passeront, mes paroles ne passeront pas* (Mc 13, 31). *Nous n'avons jamais rien entendu de pareil*, clamait la foule hier.

À travers des mots et des images apocalyptiques (hier, dimanche prochain), la liturgie en cette fin d'année, propulse notre foi plus loin, plus haut, au-delà des choses d'en bas. Elle nous présente des textes pleins d'espérance, pleins de lumière. *Voyez le figuier.* Un royaume, autre que matériel, nous est offert. *Le Seigneur est ma lumière et mon salut, de qui aurais-je crainte?* (Ps 26). Un avenir de gloire existe.

Voilà ce que nous révèle la scène du figuier de l'évangile. Cet arbre est tellement lent à resurgir de l'hiver, que nous pourrions le croire mort. En fait, il semble sauter le printemps pour arriver à l'été. Et quand il fleurit, son fruit se mange en entier. Aucun noyau, rien de se perd. Quelle belle image! Rien ne se perd.

Saintes femmes, y-a-t-il plus belle tâche que d'aider le temps à nous dire le temps? Ne nous laissons pas contaminer par une manière de vivre qui exclue tout avenir au-delà du temps présent. L'Évangile –c'est sa mission– vise à provoquer, renouveler notre regard sur l'histoire. Elle nous exhorte à la persévérance au milieu des épreuves et perturbations de nos vies. Il faut que cela arrive d'abord. *Le programme commun de l'humanité semble,* exprimait Benoît XVI aux jeunes dans son homélie aux journées mondiales de la jeunesse (2007), *ne plus rien attendre de Dieu.* Et nous, qu'attendons-nous de notre Dieu?

À votre contemplation : notre foi est lumière du temps. *Elle nous fait voir un ciel nouveau et une terre nouvelle, car le premier ciel et la première terre ont disparu* (première lecture). Elle nous fait admirer que *la moisson est mûre* (Ap 14, 16) que *les raisins sont mûrs* (Ap 14, 18). Si nous savons rester éveillés, une promesse de bonheur est à nos portes. Comme chrétiens, nous devons faire entendre cette promesse, celle que nous entendrons durant cette saison de l'Avent : *Viens Seigneur Jésus.* N'est-ce pas le plus beau cadeau de Noël que de dévoiler l'espérance qui nous fait vivre et que préfigure et annonce cette eucharistie : *Voici la demeure de Dieu parmi nous.* AMEN.

Table des matières

Temps de l'Avent	3
Premier dimanche de l'Avent	4
Vendredi de la première semaine de l'Avent	6
Dimanche de la deuxième semaine de l'Avent	8
Vendredi de la deuxième semaine de l'Avent	10
Dimanche de la troisième semaine de l'Avent	11
Vendredi de la troisième semaine de l'Avent	13
Temps de Noël	16
Vendredi de l'octave de Noël	17
Jour de l'An 2008	18
Vendredi de la première semaine du temps de Noël	21
Vendredi de la deuxième semaine du temps de Noël	22
Temps du Carême	24
Vendredi des Cendres	25
Vendredi de la deuxième semaine du Carême	27
Vendredi de la troisième semaine du Carême	28
Jeudi de la cinquième semaine du Carême	29
Vendredi de la cinquième semaine du Carême	31
Temps de Pâques	33
Mardi de l'octave de Pâques	34
Jeudi de l'octave de Pâques	35
Vendredi de l'octave de Pâques	36
Dimanche de la première semaine de Pâques	39
Vendredi de la deuxième semaine de Pâques	41
Mardi de la troisième semaine de Pâques	42
Jeudi de la troisième semaine de Pâques	43
Vendredi de la troisième semaine de Pâques	46
Mardi de la quatrième semaine de Pâques	47
Jeudi de la quatrième semaine de Pâques	48
Mardi de la cinquième semaine de Pâques	50
Jeudi de la cinquième semaine de Pâques	51
Vendredi de la cinquième semaine de Pâques	52
Mardi de la sixième semaine de Pâques	54
Vendredi de la sixième semaine de Pâques	55
Vendredi de la septième semaine de Pâques	56
Dimanche de la Pentecôte	58
Temps ordinaire	60
Vendredi de la première semaine du Temps ordinaire	61
Vendredi de la troisième semaine du Temps ordinaire	62
Mardi de la quatrième semaine du Temps ordinaire	63
Mardi de la sixième semaine du Temps ordinaire	64
Vendredi de la sixième semaine du Temps ordinaire	65
Mardi de la huitième semaine du Temps ordinaire	67

Jeudi de la huitième semaine du Temps ordinaire	68
Fête du Sacré-Cœur	69
Mardi de la neuvième semaine du Temps ordinaire	71
Jeudi de la neuvième semaine du Temps ordinaire	72
Vendredi de la neuvième semaine du Temps ordinaire	73
Jeudi de la dixième semaine du Temps ordinaire	75
Mardi de la onzième semaine du Temps ordinaire	76
Jeudi de la onzième semaine du Temps ordinaire	77
Vendredi de la douzième semaine du Temps ordinaire	79
Dimanche de la quatorzième semaine du Temps ordinaire	80
Vendredi de la quatorzième semaine du Temps ordinaire	81
Dimanche de la quinzième semaine du Temps ordinaire	83
Dimanche de la seizième semaine du Temps ordinaire	84
Dimanche de la dix-septième semaine du Temps ordinaire	86
Mercredi de la dix-septième semaine du Temps ordinaire	87
Dimanche de la dix-huitième semaine du Temps ordinaire	89
Dimanche de la dix-neuvième semaine du Temps ordinaire	90
Assomption de Marie	92
Vendredi de la vingt-deuxième semaine du Temps ordinaire	93
Vendredi de la vingt-troisième semaine du Temps ordinaire	94
Vendredi de la vingt-quatrième semaine du Temps ordinaire	96
Fête de la Croix du Christ	97
Vendredi de la vingt-cinquième semaine du Temps ordinaire	99
Vendredi de la vingt-sixième semaine du Temps ordinaire	100
Vendredi de la vingt-septième semaine du Temps ordinaire	101
Vendredi de la vingt-huitième semaine du Temps ordinaire	103
Samedi de la vingt-huitième semaine du Temps ordinaire	104
Lundi de la vingt-neuvième semaine du Temps ordinaire	106
Vendredi de la vingt-neuvième semaine du Temps ordinaire	107
Lundi de la trentième semaine du Temps ordinaire	109
Vendredi de la trentième semaine du Temps ordinaire	110
Lundi de la trente-et-unième semaine du Temps ordinaire	111
Vendredi de la trente-et-unième semaine du Temps ordinaire	113
Lundi de la trente-deuxième semaine du Temps ordinaire	114
Vendredi de la trente-deuxième semaine du Temps ordinaire	115
Lundi de la trente-troisième semaine du Temps ordinaire	116
Fête du Christ-Roi 2008	117
Lundi de la trente-quatrième semaine du Temps ordinaire	119
Vendredi de la trente-quatrième semaine du Temps ordinaire	120

Oui, je veux morebooks!

i want morebooks!

Buy your books fast and straightforward online - at one of world's fastest growing online book stores! Environmentally sound due to Print-on-Demand technologies.

Buy your books online at
www.get-morebooks.com

Achetez vos livres en ligne, vite et bien, sur l'une des librairies en ligne les plus performantes au monde!
En protégeant nos ressources et notre environnement grâce à l'impression à la demande.

La librairie en ligne pour acheter plus vite
www.morebooks.fr

VDM Verlagsservicegesellschaft mbH
Heinrich-Böcking-Str. 6-8   Telefon: +49 681 3720 174   info@vdm-vsg.de
D - 66121 Saarbrücken   Telefax: +49 681 3720 1749   www.vdm-vsg.de

www.ingramcontent.com/pod-product-compliance
Lightning Source LLC
Chambersburg PA
CBHW031713230426
43668CB00006B/197